大学生
が知っておきたい

第2版

消費生活と法律

Consumer with Law

細川幸一
HOSOKAWA Koichi

慶應義塾大学出版会

第2版 はじめに

　本書は大学生向けの消費生活関連の法律の解説書として2018年10月に刊行しました。それから約5年が経ち、その間に民法、消費者関連法の改正がかなり行われたので、内容を一新して第2版として刊行することとしました。

　民法改正で18歳成人となり、ますます若者の消費者教育・法教育が重要となるなかで、それにふさわしいテキストが必要と考えました。タイトルを「消費生活と法律」とし、「消費者法」としなかったのは、法律の紹介や解釈を中心にするのではなく、私たちの毎日の消費生活を法的視点からみたときの特徴や問題点について考える機会を持ってほしいと考えたからです。

　筆者は2004年から日本女子大学家政学部で「消費生活論」の講義を行ってきました。また、兼任講師として、お茶の水女子大学生活科学部で「消費者教育論」、立教大学法学部で「消費者法」の講義やゼミを担当してきました。消費者としての自覚を持ち、自らの権利を意識し、その侵害があったならば行動する消費者になり、またそうした消費者の存在が、より良い社会の実現につながることを理解してもらうことに苦心してきました。

　本書は法学部の法律関連科目としての消費者法のテキストとしてだけでなく、広く、消費生活の在り方を考える教養科目や家政学部等での消費者関連科目のテキストとしても活用できる内容としました。

　本文は6部15章から構成されています。I部では4つの章を使って現代の消費生活の歴史と特徴、そこでの社会問題について説明しました。

　II部からV部は分野別の各論で8章から成っています。ここは消費者法の解説にあたりますが、消費者法は多岐にわたり、到底このスペースですべてを網羅することができません。ここで欲張って記載すると、単に情報の網羅になってしまいます。多くの消費者法のテキストの筆者が一番悩むところと思います。本書では大学生向けテキストですので、欲張らず、重要な消費者法を理解してもらうことを最優先して、最近の消費者トラブル事例と関連する消費者法を簡潔に紹介し、代わりに、注釈でより深く解説し、単なるハウツウものにしない工夫をしました。

　VI部では、大学生が消費者としての権利を自覚し、行動することに加え、消費者市民として、自らの行動が社会に与える影響を考え、より良い社会の実現に向けて努力し、また、卒業後は企業市民として行動できる人間であってもらいたいという思いを込め、3章で構成しました。

　初版に続き、第2版でも慶應義塾大学出版会の岡田智武さんに豊富な法的知識に基づいた適切なアドバイスをいただき、筆を擱くことができました。本書を大学生のみならず多くの方に消費生活を営む上での参考書として活用していただければ幸いです。

　2023年8月

日本女子大学教授　　細川幸一

目 次

Column 不当な契約から消費者が逃れるには？

契約をめぐる消費者保護で重要なのは、不当な契約からいかに消費者を守るかです。まずはそうした契約をしない消費者の意識が重要で、消費者教育の充実が叫ばれています。また、行政があらかじめ契約を規制すること（約款規制）も業種ごとに行っています。しかし、市場のすべての契約に行政が関与できるわけではありません。消費者がいったんなした不当な契約から解放される制度が重要であり、その要はクーリング・オフ制度です。以下にその一覧を示します。

クーリング・オフできる主な取引一覧表

取引類型	根拠法	クーリング・オフ期間
訪問販売 （含：キャッチセールス、アポイントメントセールス）	特定商取引法	法定書面を渡された日から 8 日間以内
電話勧誘販売	特定商取引法	法定書面を渡された日から 8 日間以内
連鎖販売取引	特定商取引法	・法定書面を渡された日から 20 日間以内 ・法定書面を渡された日よりも後に商品を受け取ったときには、商品を受け取った日から 20 日間以内
特定継続的役務提供	特定商取引法	法定書面を渡された日から 8 日間以内
業務提供誘引販売取引	特定商取引法	法定書面を渡された日から 20 日間以内
訪問購入（訪問買取り）	特定商取引法	法定書面を渡された日から 8 日間以内 （適用除外となる商品あり）
個別クレジット	割賦販売法	・訪問販売・電話勧誘販売・特定継続的役務提供の契約に伴う個別クレジット契約の場合、法定書面を渡された日から 8 日間以内 ・連鎖販売取引・業務提供誘引販売取引の契約に伴う個別クレジット契約の場合、法定書面を渡された日から 20 日間以内
現物まがい取引 （特定商品・施設利用権の預託取引）	特定商品等の預託等取引契約法	法定書面を渡された日から 14 日間以内
宅地建物取引	宅地建物取引業法	宅地建物取引業者が売主となる宅地建物の売買で店舗外での取引で、法定書面を渡された日から 8 日間以内
保険契約	保険業法	法定書面を渡された日から 8 日間以内 （保険期間が 1 年以下の契約などいくつか適用除外有り）
ゴルフ会員権契約	ゴルフ場等会員契約適正化法	50 万円以上のゴルフ会員権で、新規募集であるとき、法定書面を渡された日から 8 日間以内
投資顧問契約	金融商品取引法	法定書面を渡された日から 10 日間以内 （投資顧問業者との投資助言契約に適用、ただし清算義務あり）

注：クーリング・オフ期間の始期は契約をした日ではなく、法律で決められた事項が書いてある法定書面（申込書や契約書）を渡された日です。したがって、これらの書面を渡されていない場合はいつでもクーリング・オフができます。クーリング・オフ期間を過ぎても解約できる場合があります。本書で説明していますが、まずは消費生活センターへ。統一電話番号１８８（イヤヤ）。

Ⅰ 大学生と現代の消費社会を考える

私たちは、毎日、当たりまえのように豊かで便利な消費生活を享受しています。この豊かさの根源は何か、どのような条件のもとで成り立っているのかを考えます。

また、豊かで便利な生活とはいっても、個々にはトラブルも多く、場合によっては致命的なダメージを受ける消費者もいます。

法律は消費者をどのように位置づけ、どのような権利があるのか。また、何が問題となっているのかについて、市場という概念を軸に考えていきます。

1章 消費社会の現状と問題を考える

1. 豊かな社会に生きる私たち

　現代日本は豊かな社会と言われています。豊かさについてはいろいろな概念がありますが、その根本部分は平和であること、生きるために必要なものが満ち足りていること（貧困状態ではないこと）ではないでしょうか。社会が戦争や紛争で混乱し、人々が殺しあったり、傷つけあっているような社会では豊かさは実感できないでしょう。また、目立った争いごとがなくても誰かに支配されて自由がきかないとか、病気が蔓延したり、食べ物が十分でなく栄養失調に苦しんでいるような社会も豊かさとは程遠いものです。

　さらに、平和で必要な生活環境や物資があるというだけでなく、美味しい食事とか娯楽とか旅行とか、より生活を楽しむための物資やサービスが提供されることも豊かさを深めるものでしょう。

　課題は多くあるにしても国全体として日本はこうした豊かさにあふれています[1]。消費社会という言葉もあります。高度に産業が発達し、生理的欲求を満たすための消費ばかりでなく、文化的・社会的欲求を満たすための消費が広範に行われるような社会を言います。まさに豊かな社会とは消費社会でもあります。

　では人類はどうやって富を得ようとしてきたのでしょうか。人類の歴史は闘争の歴史だとも言えます。人類は、戦争、略奪、搾取などによって天然資源を得たり、他人のモノを奪ったり、あるいは人間を奴隷として動物のように使役したりして、富を得ることを行ってきました。悲しいことに現在も地球のどこかで、そうした争いや略奪が起こっています。しかし、略奪等によって富を得ることは、逆に自分たちがそうされる可能性もあります。そこで、現在、多くの国や地域では平和的な手段による富の増大と生活水準の向上が目指されています。商品やサービスの生産活動です。そこでは、より少ない労働または費用をもって、一層多くのものを得ること、すなわち生産性が絶えず求められています。この生産性の追求によって、私たちは豊かな社会を実現しようとしています。

　ここで生産性について考えてみましょう。皆さんは昼食にどのくらいのお金を使いますか？　平均500円くらいではないでしょうか。もし時給1,000円でアルバイトをしているとしたら、30分の労働で1回食事ができることになります。学食で500円のとんかつ定食を食べたとしましょう。その食材は多種です。豚、キャベツ、サラダ、小鉢、おしんこ、味噌汁、それに各種調味料等々。数多くの材料で一食のランチが構成されているでしょう。

　ではもし自給自足社会に生きていて、自分が必要なモノをすべて自分で調達しなければならなかったら、30分の労働で同等な食事を作ることは

1　豊かさには数多くの論点があります。たとえば、暉峻淑子（てるおかいつこ）氏は1989年に『豊かさとは何か』、2003年に『豊かさの条件』（ともに岩波新書）を著し、モノとカネがあふれる日本が一方で、環境破壊、過労死、老後の不安など深刻な現象に直面していることを論じています。

不可能でしょう。豚肉が欲しければ豚を育てなければなりません。キャベツも畑で作る必要があります。ソースも自分で作らなければなりません。自給自足で、学食のとんかつ定食と同じものを作ることは不可能です。ではなぜ現代社会ではそれが簡単にできるのでしょうか。それは生産過程が分業化され、効率が追求されているからです。豚を育てる人、キャベツを生産する人、ソースを作る人……それぞれが専門家や企業として生産効率を上げているからです。

すなわち、私たちの多くは、労務[2]によって他人に商品やサービスといった効用を与えることによって、その対価としての金銭を受け取り、その金銭を代金として支出することにより、他人から効用を受けるという分業を行っているのです。

チャーリー・チャップリン主演映画『モダン・タイムス』（1936年公開）。機械化された生産現場で生きる人間の悲哀を表現しています。

2　民法では労務を提供する契約を雇用、請負（うけおい）、委任という3つのタイプで規定しています。就職して会社員になる人が多いと思いますが、これは雇用です。通常、労働とは雇用を指します。

2. 経済体制と法原理

売り手（生産者）はより安くより品質の良いものを提供しようと努力しているからこそ、生産効率が上がるわけですが、なぜ、そうした努力をするのでしょうか。それは、売り手が買い手とモノの取引をする市場において競争があるからです。

英語のcompetitionを初めて競争と訳したのは福澤諭吉と言われています。福澤が江戸幕府の勘定方に依頼され、経済書の目録を翻訳した際に、competitionに該当する和語が存在しなかったため、「競い争う」という意味で「競争」と名付けたのです[3]。

競争は私たちの消費生活を考える上で重要な概念です。皆さんは大学に入るために受験勉強をしたと思います。苦痛に感じた人も多いでしょう。ではなぜ、勉強しなければならないのでしょうか？　それは入試とは受験者間の競争であり、それに勝った者だけが入学を許されるからです。どこの大学でも希望すれば入れるとしたら、勉強はしないでしょう。それと同じで市場においては売り手が複数いて、それぞれが消費者との取引を求めて競争が起きることが期待されます。

市場では、価格をめやすに経済的な意思決定が行われます。市場経済とは個人や企業が必要とするほとんどのモノを市場を通じて自由に入手する経済の仕組みを指す言葉です。市場経済では一般に自由な競争が行われ、生産量や消費量が適切に自動調整されることが期待されます。

多くの国々は市場経済を基本とした経済体制を採用しています。特に市場を重視する経済のことを、市場主義経済あるいは自由主義経済とも呼びます。また、高度に発達したそうした体制を資本主義（capitalism）と呼びます。資本主義についてはいろいろな定義や見解がありますが、生産手段を持つ資本家が、賃金労働者を使用して利潤を追求する社会システムです。私有財産制、私企業による生産、生産のための労働者雇用、市場における

3　幕府の役人は、「競争」という言葉について、穏やかでない思想だと述べたと言われています。仲間内の和や同調を求める考えが日本人には強くあります。

競争などを特徴としています。これに対して、資本主義の根幹である私有財産制による自由主義経済を批判する共産主義があります。

　こうした生産活動を支えるのは平和な社会における生産者たる企業です。企業は消費者がいるからこそ存在し、消費者は企業の生産活動があるからこそ、消費を行えます。

　そして、この経済秩序・体制を支える法制度は市民法の原理を基調としています。経済を発展させていくためにはなるべく各人の活動を自由にして、取引を活発化させる必要があります。イギリスの法制史家メーンは「身分から契約へ」(from status to contract) という言葉を残しています[4]。古代や中世では社会の人間関係は身分（貴族、商人、奴隷など）によって作られていました。それに対して、市場主義経済の原理を取り入れた近代の社会関係が、自由平等な各人の自由意思による自由な契約を基礎に構成されていることに着目した言葉です。

　人間を身分から開放し、自由意思に基づいて人間関係を作ることができる社会を実現するための法原理を市民法[5]と呼び、その中心は民法です。市民法の原理として、権利能力平等の原則、私的所有権絶対の原則、私的自治（契約の自由、過失責任）の原則があげられます[6]。

　ここで、私的自治の原則のうち、契約の自由について考えてみましょう。契約の自由の原則の背景には、個人が国家の干渉を受けることなく自由・平等であれば市場が形成されて競争が起き、社会的利益を最大化するという発想があります。

　契約の自由には、契約をするしないの自由、契約の相手方選択の自由、契約内容の自由、契約の方式の自由が含まれるとされています。仮に売り手と買い手の能力や交渉力が対等であれば、取引条件についての両者の合意は、双方が納得あるいは合理的な妥協をした結果であり、問題となることはないでしょう。

　しかし、現実はどうでしょうか。さらに考えていきましょう。

3. 豊かな社会の課題

　市民法はすべての人は生まれながらに自由、平等であることを明らかにしています[7]。日本国憲法の理念のもと、民法もその立場です。人はだれも分け隔てなく自由、平等であると考えることは民主主義の基本であり、すばらしいことです。しかし、法がそのように宣言しても現実にすべての人が自由で平等であることを保障できるわけではありません。むしろ自由で平等であるという前提に立つことで、自由や平等が確保できないこともあるのです。

　民法を中核とする市民法に対して、社会法という概念があります。市民法原理を修正して成立した社会保障法や労働法等が社会法と言われています。学問的な議論はありますが、市民法がすべての人間を抽象的に平等な市民として捉えてきたのに対して、社会法は人間を一定の階層や集団に属する具体的な人間として捉え、その弱い立場に注目し、一定の法的保護を与えようとしていると理解できます。たとえば、労働市場において使用者と労働者は交渉により賃金を決定できることが原則です（市民法原理）が、

[4] イギリスの法制史家 Henry Sumner Maine が著書『Ancient Law』（古代法）(1861年) 第5章で残した言葉「from status to contract」。

[5] 古代ローマでローマ市民にのみ適用された法を市民法と呼ぶことから、これを近代市民社会と呼ぶ場合も多くあります。

[6] 論者によって内容は異なる場合がありますが、市民の社会関係を規律し、市民社会の秩序を定めた法を意味します。市民は、自由・平等で独立した法的人格として、各人の自由意思と理性に基づいて社会関係を結ぶことが想定されています。現実には人がそのような存在であるかが問題となります。

[7] たとえば、1789年のフランス人権宣言1条は、「人間は、自由、かつ権利において平等なものとして出生し、生存する」としています。

交渉力の格差等から労働者が労働力を買い叩かれることが起こりえます。それを防ぐために社会法としての労働法の1つである最低賃金法が最低賃金を定めています。すなわち、取引の自由を制限していることとなり、市民法原理の修正とされます。民法が規定する抽象的な自由で平等な人間像を修正し、生きていくために賃金を得る、弱い立場にある自然人を労働者とよび、その保護を図ってきたのです。強者の自由を制限することにより弱者の実質的自由を確保する必要性が出てきたのです。

そして、消費者という概念は労働者の消費生活の問題として認識されてきました。限られた賃金収入をやりくりして生活に必要な物資を買う労働者の物価上昇による生活苦や、モノ不足、粗悪品による被害などが社会問題化してきたからです。「消費者は権利主体として概念されるが、被害者として発見された」という言い方もされます。

労働者と消費者、1人の人間が双方の立場を持っているのが通常ですが、ともに企業（法人）と対峙して弱い立場に立つ自然人であり、その実質的な自由を保障するための2大法領域が労働法と消費者法なのです[8]。

8　労働法を社会法と呼ぶことに議論はありませんが、消費者法については意見があります。

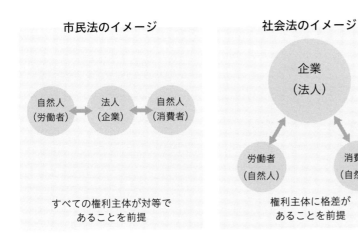

市民法のイメージ

自然人（労働者）⇄法人（企業）⇄自然人（消費者）

すべての権利主体が対等であることを前提

社会法のイメージ

企業（法人）

労働者（自然人）　消費者（自然人）

権利主体に格差があることを前提

しかしながら、消費者法の歴史はそれほど古いものではなく、その整備も十分とは言えません。

社会科学の19世紀の最大の発見は労働者であり、20世紀の最大の発見は消費者であるとも言われます。すなわち、身分から人々が解放され、契約によって人間関係を築いていくことを基調として市民社会が形成され、そこでの法原理が市民法であることはすでに説明しました。しかし、そうした対等な市民を想定した社会のなかで構造的な格差がうまれ、資本家階級と労働者階級に社会が二分し、皆が自由で闊達な競争を行えば、社会の富が増し、豊かになっていくというバラ色の思想は色あせはじめ、富める者と貧しくなる者の格差が社会的に許容されないまでになっていき、ロシアでは社会主義革命（労働者革命）が起き、資本主義を批判する共産主義の国家がソビエト連邦として登場しました。

そうした中で、問題の改善を図りながら体制を維持する考えが資本主義国家内では働き、労働者に軸足を置いた法制度である労働法が整備され始めました。

そのために日本でも労働者の人権や労働条件を整備するための労働政策には長い歴史があり、現在、厚生労働省と呼ばれる官庁は1947年（昭和22年）に設立された労働省が厚生省と一緒になったものです。

しかし、消費者対応の不備は資本主義国家の存在を脅かすものとはならなかったために、労働政策に比べ、消費者政策、官庁の整備は遅れました。現在の消費者庁ができたのは2009年（平成21年）です。それまでは内閣府国民生活局に消費者行政担当課があるだけでした[9]。

これは消費者の権利や利益にかかわる分野は多岐にわたり、法領域も広範で体系化しづらいという特徴も影響しています[10]。

[9] 2001年の省庁再編の前は経済企画庁国民生活局でした。

[10] 学問的にも同様なことが言え、どこの大学の法学部でも労働法の専任教員はいますが、消費法の教員はいない場合が多くあります。

4. 消費者の置かれている立場

現代社会における売り手と買い手との関係は、商人間の取引を除けば、一個人が自らが消費するためにモノを購入する場面が圧倒的であり、それは通常、企業と消費者の取引です。消費者取引は1つの企業が多くの消費者と契約する形になるので、交渉で契約内容を個々に決めることはせず、定型的な契約内容（約款）が企業側から提示され、消費者はそれに応じるだけで、それを交渉によって変えさせることができない場合が多々あります。銀行の振込み手数料が高いからと言って、交渉して安くできた人はいないでしょう。気に入らないからと契約しない自由はたしかに消費者にはあるかもしれません。しかし、気に入らなくても契約しなければ生きていけない状況もあります。

たとえば、水道。水道事業は原則、市町村が行う地域独占です。水道料金が高いからと言って他の自治体から水道供給を受けることはできませんし、契約しなかったら生きてはいけないでしょう。現実には消費者側に契約内容の決定権はないことも多くあります。

大学入学時の学納金をめぐる紛争が裁判にまでなったことを知っていますか？ 皆さんは大学に入学する際に、入学金、授業料、設備費等の学納金を払ったと思います。多くの受験生が本命の大学と、いわゆる「滑り止め」の大学を受験します。日本の私立大学の多くは国立大学の合格発表日の前日までに入学金や授業料等の学納金を納めないと入学資格を失うこと、いかなる場合でも収めた学納金は一切返金しないという契約内容を定めてきました。民法の原則によれば、それを承知で学納金を支払ったのだから国立大学に受かったためにその大学に行かない場合は、学納金の返金を求めることはできないことになります。なぜでしょうか。

民法は、契約当事者双方が自由で平等な存在であることを前提とし、取引が当事者の自由意思に基づいて行われることを体制的に保障する法原則ですが、いったん自由な意思に基づいて契約を締結した後は、契約の拘束力から一方的に逃れることはできないことを基本原則としています。民法は521条で契約自由の原則、その方式・内容・締結の自由を定めています。90条（公序良俗違反の法律行為の無効）や91条（任意規定と異なる意思表示）などもその根拠となっているとされます[11]。

そして、自由意思にもとづいて契約をした以上、双方はその合意内容を守らなければならないという義務を負うことになります。この考えは、契

[11] 民法には強行規定と任意規定があります。強行規定は、それに反する当事者間の合意の如何を問わずに適用される規定をいいます。90条は強行規定の代表例です。91条にいう任意規定とは、それと異なる意思表示が認められる場合にはそちらが優先されるとする規定です。
民法90条「公の秩序又は善良の風俗に反する法律行為は、無効とする」。
民法91条「法律行為の当事者が法令中の公の秩序に関しない規定と異なる意思を表示したときは、その意思に従う」。

約自由の原則の帰結です。

　しかし、このやり方は受験生の弱みに付け込んでいると見ることができますし、まったく授業を受けていない段階で入学を辞退したのになぜ授業料を払わなければならないのかという疑問も当然起こってきました。そうした中で教育サービスの受け手を「消費者」という概念で認識し、その立場に立って民法の原則を修正する「消費者契約法」（後述）という法律ができ、一定の条件のもと、入学金については返金義務はないが、授業料については全額返金すべきという最高裁判決が出たのです[12]。これがこの本で述べていく消費者法といわれる法[13] の存在意義なのです。

5.　消費者の特徴を考える

　消費者がどのような立場に置かれており、どういう問題があるかについて述べてきましたが、ここでその特徴についてまとめておきます。

　民法では、契約を結ぶといった権利の主体となる者と権利の客体（目的物）になるものとを区別していますが、権利の主体となる者には法人と自然人とがあります。民法総則の第2章において「人」についての規定を置いていますが、これらはすべて「自然人」に関するものです。法人については、次の第3章に規定があります。

　すなわち、民法上権利の主体となる人には、自然人と法人とが含まれています。自然人とは人間を、法人とは人の集まりである団体（社団）や財産の集まり（財団）を権利の主体として認めた人工的な人であると言えます。

　皆さんが常日頃、買い物（契約）をする相手方は誰でしょうか？　コンビニ、スーパー、あるいは電話会社、旅行会社、学校……ほとんどが法人です。また、そうした契約をする皆さんの目的は自分自身で消費するためです。すなわち自然人たる自分が消費者として法人たる事業者と取引することがほとんどなのです。こうした消費者と事業者の契約が消費者契約です。ではその関係の特徴は何でしょうか？　格差があるということです。情報力、資金力、交渉力等においてもはや対等な権利主体の契約とは言えません。「営業」という概念を使って消費者と事業者の関係を示すこともできます。「営業」とは反復継続して活動し利益を得ることを意味し、そこでは「専門性」と「営利性」が特徴です。逆に消費者の活動の特徴は「非専門性」と「非営利性」ということになります。利益を追求する専門集団と個人の消費を目的とする素人である個人が対等な契約を行うことは容易ではありません。もはや契約内容の自由は消費者にはない場合があることは前述のとおりです。

　消費者の学問的定義は多様ですが、法的定義として「生涯の消費生活のために、事業者が供給する商品・サービスを購入し、消費・使用し、利用する自然人」[14] をあげておきます。

12　学納金返還請求事件判決（最高裁判決平成18年11月27日）。

13　「消費者法」という名の法律は存在しません。法律群の総称です。

14　及川昭伍・森島昭夫監修『消費社会の暮らしとルール』（中央法規、2000年）3ページ。

1. 消費者問題とは何か

　消費者の法的な定義として「生涯の消費生活のために、事業者が供給する商品・サービスを購入し、消費・使用し、利用する自然人」をあげました。では消費者問題とは、自然人（人間）が商品やサービスを購入して、消費・使用する際に生じる問題ということになりますが、それはどういうものでしょうか。

　消費者が購入した商品やサービスに不満を抱いたら、それはすべて消費者問題であり、消費者被害と言えるでしょうか。辞書を引くと、不満とは「もの足りなく、満足しないこと。また、そのさまやそう思う気持ち」などと記述されています。一般に消費者の不満の原因は商品やサービスの価値と消費者期待値とのギャップによって発生します。100円ショップで買ったビニール傘が1回の使用で壊れたら、あなたは不満を持ちますか？その値段から、1回使えれば儲けものだと思う人は期待値が低いこととなり、不満を持たないことが予想されます。しかし、たとえ100円といえども傘は傘であり、「使い捨て傘」と言って売っているわけではないから、1回で壊れるのはおかしいと思う人は、期待水準が高く、不満に思うでしょう。そして、そうした場合の消費者被害とは代金の100円そのものであるのか、それともある程度の効用はあったのだからそれより低くなるのか、あるいは被害と言えるものは生じていないのか。消費者被害の概念は簡単ではありません。

　不満を、売った側がその対応に法的な責任を伴う不満と、責任を伴わない不満に分けるという考えもできます。たとえば、買った服を表示通りに洗濯したのに縮んでしまい、着られなくなったという場合の不満と、店員にお似合いですと言われて買った服を着て学校に行ったが、友人からの評判が良くなかったという不満は異なるでしょう。前者を消費者問題として提起することは重要ですが、後者を社会が扱うべき問題ではないと思う人がほとんどと思います。消費者の不満すべてを消費者問題として扱うべきではありません。しかし、巧妙な仕掛けもあります。服を選ぶときに店の鏡で自分の姿を見て似合っているか確認して購入することは多いでしょう。その鏡をわずかに凸面鏡に作り、気づかれないように身長が少しばかり長く見えるように細工がしてある場合があるようです。こうなると後者の不満も何らかの対応が必要であるかもしれません。消費者が自らが何らかの不利益や被害を受けていることに気づかないことがあるのも消費者問題の特徴です[1]。

　毎年年末になると、国民生活センターがその年の消費者問題の10大項目を発表します。そこでは、その年に問題となった消費者被害や法制度改正などが紹介されています。「消費者問題に関する2022年の10大項目」

[1]　白い濁り湯で有名な秘湯で、近年は濁りがあまりなかったので、客ががっかりしないように入浴剤を使っていたという出来事がありました。この場合の消費者被害（あるべき民事救済）は何でしょうか？　議論してみてください。

では以下の項目があげられています[2]。

- ● 18 歳から大人に　（2022 年）4 月から改正民法施行
- ● SNS やマッチングアプリをきっかけに　詐欺的トラブル目立つ
- ● 海産物の送り付け商法　高齢者の割合も高く
- ● ウクライナ情勢を悪用　詐欺やトラブル発生
- ● 霊感商法　対策検討会で提言まとめる
- ● 生活必需品の値上げ相次ぐ　急激な円安も
- ● 新型コロナウイルス感染症の一般用抗原定性検査キット初承認、ネットでの購入も
- ● 再発、子どもの誤飲事故　折りたたみ式踏み台による負傷事故も
- ● 消費者契約法・消費者裁判手続特例法　通常国会で改正
- ● 消費生活相談のデジタル化　アクションプランを公表

　改正民法の施行により成年年齢が 20 歳から 18 歳に引き下げられたことや、SNS やマッチングアプリをきっかけとした消費者トラブル、霊感商法への対応の強化などに注目が集まりました。

　大学生に大きな影響があるものとして、未成年者取消権（3 章で解説）の付与が 20 歳未満から 18 歳未満に引き下げられたので、民法改正で新たに成人となった 18 歳、19 歳の人の消費者トラブルの増加が懸念されています。また、SNS やマッチングアプリは、気軽に人とつながることができる便利なツールですが、一方で、本人確認の徹底が難しいことから、悪意のある人物に接点を持つきっかけとして利用されてしまうことがあります。知り合った相手から詐欺的なもうけ話や投資等の勧誘をされたり、恋愛感情を利用されたりするなどのトラブルが発生しています。

18歳から大人に！

「もうけ話」「美容関連」
「定期購入」「SNSきっかけ」
「出会い系」「異性・恋愛関連」
「仕事関連」「新生活関連」など
トラブル…に注意！

2. 消費者問題の発生要因

　このように消費者問題は多岐にわたりますが、「理論的には消費者問題は、人類が自給自足の状態を脱し、生産と消費が分離したときからはじまった」[3] と言えます。欧米では、第二次世界大戦後、日本では 1960 年代あたりから、消費者問題がクローズアップされてきました。

　アダム・スミスは「消費はいっさいの生産の唯一の目標であり、目的な

2　国民生活センター 2022 年 12 月 9 日公表。
　国民生活センターでは、18 歳・19 歳の人に向けて特に気を付けてほしい消費者トラブルも示しています。
- ◉ 副業・情報商材やマルチなどの「もうけ話」トラブル
- ◉ エステや美容医療などの「美容関連」トラブル
- ◉ 健康食品や化粧品などの「定期購入」トラブル
- ◉ 誇大な広告や知り合った相手からの勧誘など「SNS きっかけ」トラブル
- ◉ 出会い系サイトやマッチングアプリの「出会い系」トラブル
- ◉ デート商法などの「異性・恋愛関連」トラブル
- ◉ 就活商法やオーディション商法などの「仕事関連」トラブル
- ◉ 賃貸住宅や電力の契約など「新生活関連」トラブル
- ◉ 消費者金融からの借り入れやクレジットカードなどの「借金・クレカ」トラブル
- ◉ スマホやネット回線などの「通信契約」トラブル

（国民生活センター 2022 年 2 月 28 日「18 歳・19 歳に気を付けてほしい消費者トラブル　最新 10 選」）

3　竹内昭夫「消費者保護」『現代の経済構造と法』（筑摩書房、1975 年）8 ページ。

4 Adam Smith, An Inquiry into the Nature and Causes of Wealth of Nations（1776年）、大内兵衛・松川七郎訳『諸国民の富（第3）』（岩波書店、1993年）455、456ページ。

5 自然から必要物資をそのまま採取して生活を営む最も原始的な経済。

6 生産力のきわめて低い段階においては、自然条件に左右されて常に飢餓状況への転落があり得ます。したがって、最低限以上の消費は行われるべきではなく、生産物はできるだけ多く貯蓄すべきものであったとされます。佐原洋「現代の経済社会における消費者問題」佐原洋・植野昭・今井光映・小木紀之共著『現代消費生活思想』（法律文化社、1971年）25ページ。

7 佐原ほか・前掲書13ページ。

8 消費者主権（consumer sovereignty）とは、経済活動において、生産者ではなく、消費者の側に主権があるという概念。

9 及川昭伍・森島昭夫監修『消費社会の暮らしとルール』（中央法規、2000年）3ページ。

のであって、生産者の利益は、それが消費者の利益を促進するのに必要なかぎりにおいてのみ、顧慮されるべきものである」と述べています[4]。経済が発展していなかった時代においては、生産と消費の区別はまったくないか、またはきわめて薄かったと言えます。したがって消費という概念もなかったのです。歴史をはるかにさかのぼって、いわゆる採取経済[5]時代にまでいたるとすれば、その当時にはまったく生産と消費の区別はありません。山林原野の果実を採取することは同時に消費することを意味し、したがってこの段階では、生産という過程すらありませんでした。

やがて農耕・牧畜時代に入れば、はじめて生産の過程が生じ、厳密にいえば消費との区別が発生します。畑を耕したり、家畜を飼育するまでが生産であり、食料として食する段階が消費です。しかし、経済主体としては1つの部族なり家族が単位となって生産と消費が行われ、商品としての生産物の交換はまったくないか、またはごく僅かですから、人々は生産と消費との区別について意識することはまったくないか、またはきわめて少なかったと言えます。もしあったとしても「消費は抑制すべきもの」としてしか意識されていませんでした[6]。

現在の経済社会においては、原則として生産と消費はまったく分離されています。人々は生産の場で商品を生産し、そして得た所得（貨幣所得）で消費に必要な商品を購入します。生産の場は企業であり、消費の場は家庭（家計）です。かつて家庭が生産と消費の双方の混在の場であったときに比べて事情はまったく一変します。すでに消費者の法的定義は述べましたが、経済的には消費者とは「近代経済社会における生産と消費の分離を前提とした、生産者に対する概念である」[7]とも言えます。

個々の消費者の不満は様々ですが、昭和30年代ぐらいから構造的問題として消費者問題が認識されはじめました。生産技術の向上、流通手段の発達などによって、企業と消費者はお互いに顔を会わさずに取引が行われ、消費者にとって商品はそれを見ただけで善し悪しを見分けることが困難になってきたのです。さらに企業と消費者との情報量や交渉力の格差が生じ、こうした問題は単発的なトラブルの発生ではなく、構造的な問題と認識されるに至ったのです。前述のスミスの言葉は「消費者主権」[8]について述べたものと言えます。「消費者主権の世界では、消費者の行う購買行動は、お金による投票行動といえる。生産者が何を生産するか、数量や価格をどう決めるかを、消費者が買物という投票で指示することになる」[9]のです。しかし、この原理が実現するためには、消費者と事業者との間で、取引上の地位が対等であることを要します。この消費者と事業者の取引上の地位が対等でないところに消費者問題が発生する原因があるのです。

3. 消費者問題に対する対応

このような状況から消費者問題を特定のケースにおける事業者と消費者の利害関係の衝突というだけではなく、現代の法経済社会における構造的な問題であると認識することによって、その問題解決が社会的政治的課題として扱われることとなりました。宮澤健一氏は、1979年に以下のように述べています。問題は「消費者と事業者との一般関係を、社会的にどの

ように設計するのが合理的か、というにある。当事者間の個別交渉で、主張の強い一部の被害者だけに補償がなされたり、消費者の顔色をみながらの対応で、企業の負担がまちまちであったりするのでは、社会的不公平は放置されたままとなる」[10]。

今日の事業者と消費者の市場取引は、技術・情報・組織を系統的に動員した流通から大規模大量生産を目指す産業組織のもとで、企業の定める画一的な契約条件が、消費者に提示される形で行われる領域が拡大しました。第1章で述べたように、市民法が約束した「契約の自由」がありますが、消費者の「交渉の自由」は限定的です。また、どの商品を購入するかという「選択の自由」も、情報の入手力は生産者と消費者では不平等であり、かつ、真実を伝えていない商品情報や消費者が予知できない危険や欠陥を持った商品が市場に流通し、その自由も実質的には確保されない状況が生じています。さらに、危険負担能力も不平等で、リスクと損害の受け方も、法人という人工的組織をとる企業では、財産上の被害に限られるのに対して、消費者被害は、商品欠陥いかんでは、財産上の損害を越え、生命・身体・健康上の拡大被害につながります。消費者は自らが消費するために商品やサービスを購入するという流通過程の最終段階に位置する経済主体ですから経済的被害や身体的損害を一手に引き受けることとなり、他者に転嫁できない存在です。

このような消費者被害の多発、普遍化は、事業者と消費者の立場の格差が一般化したことを意味します。消費者の不満は多様ですが、消費者が置かれている立場ゆえに、消費者はときとして致命的なダメージを受けたり、同種事例が多発する場合があります。とくに高度経済成長期と言われる昭和30年代、40年代に多くの問題が起こり、消費者被害対策が政治的に大きな課題となり、消費者のための法制度が本格的に作られました。その中心が消費者基本法（旧・消費者保護基本法）です。

4. 消費者の権利を考える

消費者の権利という概念がはじめて社会的に明らかにされたのは、1962年（昭和37年）に米国のケネディ大統領が発表した「消費者利益の保護に関する特別教書」[11] においてです。この中では、4つの権利が述べられました。

ケネディは教書の冒頭で以下のように述べています。

> 言葉の定義から言うならば我々すべてが消費者である。経済システムのなかで最大の集団は消費者であり、公企業や私企業の経済活動に影響を及ぼし、また影響を受けている。経済全体における3分の2の消費は一般消費者によってなされている。しかし、消費者は効率的に組織化されておらず、その声は無視されがちである。連邦政府は米国全国民の最高位の代弁者であるので、消費者の要望に耳を貸し、消費者の利益を増進させる特別な義務を負っている。

そして、以下の4つの消費者の権利を明らかにしました。

10 宮澤健一「経済構造における消費者の地位」ジュリスト増刊総合特集・消費者問題（1979年）33ページ。

11 John F. Kennedy, "Special Message to the Congress on Protecting the Consumer Interest", March 15, 1962.
　教書とは、大統領が連邦議会に対して口頭ないし文書で行う報告や勧告です。教書には定期的な一般教書、予算教書の他、経済報告書、必要に応じての特別教書があります。

安全である権利	健康や生命にとって危険な製品の販売から保護される権利
知らされる権利	偽りや不正を含んだり、はなはだしい誤解を与えたりする情報、広告、表示などから保護され、かつ選択するために必要な知識を得る権利
選ぶ権利	できる限り多様な製品やサービスを、競争価格で入手できるよう保障される権利。競争が働かず、政府の規制が行われている業種においては、満足できる品質とサービスが公正な価格で保障される権利
意見を反映させる権利	政府の政策立案において、消費者の利益が十分かつ思いやりをもって考慮され、行政手続においては、公正で迅速な扱いを受けられるよう保障される権利

その後、1975 年にはフォード大統領が、「消費者教育を受ける権利」を5つ目の消費者の権利として追加しています[12]。

これら5つの消費者の権利に Consumers International（CI：国際消費者機構）[13]がさらに3つの権利を加え、以下の8つの消費者の権利を示しています[14]。

基本的需要が満たされる権利	十分な食料、衣服、住居、医療、教育、公共サービス、水、衛生施設など、基本的で必須な製品やサービスを得られる権利
安全である権利	健康や生命に危害を与える製品、製造プロセス、サービスから保護される権利
知らされる権利	十分な情報に基づいた選択を行うために必要な事実を知る権利。不正で誤った判断をさせる広告や表示から保護される権利
選ぶ権利	競争価格で提供される、満足できる品質を持った一連の製品・サービスから選択できる権利
意見を反映させる権利	政府の政策決定・実施や、製品・サービスの開発において、消費者の利益が代表される権利
補償を受ける権利	まがい物や不実表示、不十分なサービスへの補償を含め、正当な賠償請求に対して公正な解決を受ける権利
消費者教育を受ける権利	基本的な消費者の権利・責任と、そのために取るべき行動を認識すると同時に、製品やサービスについて、十分な情報に基づき自信を持って選択するのに必要な知識や技量を得る権利
健康的な環境を享受する権利	現在と将来の世代の福祉を脅かさない環境で生活し、働く権利

5. 日本での消費者の権利規定

　日本では、消費者政策の最重要法である消費者保護基本法が 1968 年（昭和 43 年）に制定されましたが、同法では消費者の権利の明文化はなされませんでした。その後、消費者団体や学者から同法を改正して消費者の権利を明文化するよう立法運動が起きていましたが、長年実現せず、36 年後の 2004 年にはじめて改正されて、名称に保護の文言がなくなり、消費者基本法となり、消費者の権利の内容が明示されました。また「基本理念」が 2 条で新たに規定され、そこで消費者政策推進にあたっての基本的な考え方が示されました。

　まず、1 条は本法の目的について以下のように述べています。

[12]　フォード大統領が直接この権利を提唱したという記録は残っていません。1975 年 11 月 19 日に連邦消費者問題局長バージニア・ナウアー（Director of the U.S. Office of Consumer Affairs, Virginia Knauer）が同局主催の「第 1 回消費者教育キャッチアップ会議」でフォード大統領のメッセージとして読み上げたものです。小木紀之「消費者の権利実現のための消費者教育」月刊国民生活 2005 年 5 月号 25 ページ。

[13]　CI は旧名を IOCU（International Organization of Consumers Unions）と言い、1960 年にアメリカ消費者同盟の主導のもと、欧米の消費者団体 5 団体を理事として設立された消費者団体の国際連絡組織です。

[14]　CI における消費者の権利の提唱時期については、国民生活センター編『戦後消費運動史』（1997 年）175 ページに詳しい記述があります。

> **第1条（目的）**
> 　この法律は、消費者と事業者との間の情報の質及び量並びに交渉力等の格差にかんがみ、消費者の利益の擁護及び増進に関し、消費者の権利の尊重及びその自立の支援その他の基本理念を定め、国、地方公共団体及び事業者の責務等を明らかにするとともに、その施策の基本となる事項を定めることにより、消費者の利益の擁護及び増進に関する総合的な施策の推進を図り、もって国民の消費生活の安定及び向上を確保することを目的とする。

　ここでは、消費者の権利の内容にはふれておらず、2条（基本理念）は以下のように述べています。

> **第2条（基本理念）**
> 1　……国民の消費生活における基本的な需要が満たされ（基本的需要が満たされる権利）、その健全な生活環境が確保される（健康的な環境を享受する権利）<u>中で</u>、消費者の安全が確保され（安全である権利）、商品及び役務について消費者の自主的かつ合理的な選択の機会が確保され（選ぶ権利）、消費者に対し必要な情報（知らされる権利）及び教育の機会（消費者教育を受ける権利）が提供され、消費者の意見が消費者政策に反映され（意見を反映させる権利）、並びに消費者に被害が生じた場合には適切かつ迅速に救済される（補償を受ける権利）<u>ことが消費者の権利であることを尊重する</u>とともに、消費者が自らの利益の擁護及び増進のため自主的かつ合理的に行動することができるよう消費者の自立を支援することを基本として行われなければならない。
> 2　消費者の自立の支援に当たっては、消費者の安全の確保等に関して事業者による適正な事業活動の確保が図られるとともに、消費者の年齢その他の特性に配慮されなければならない。
> 3　消費者政策の推進は、高度情報通信社会の進展に的確に対応することに配慮して行われなければならない。
> 4　消費者政策の推進は、消費生活における国際化の進展にかんがみ、国際的な連携を確保しつつ行われなければならない。
> 5　消費者政策の推進は、環境の保全に配慮して行われなければならない。
> 　　　　　　　　　　　　　　　　　　　（　）及び、下線、筆者挿入

　このようにはじめの2つの権利規定は、「中で」という言葉で括られており[15]、その他の規定も「消費者の権利であることを尊重」することが消費者政策の推進の基本理念であることを述べているに過ぎず、また、その権利規定の内容については具体的には述べられていません。
　それでは、消費者の権利とはどのようなものでしょうか？　消費者の権利を考える場合、法的権利（私法的権利）としての「消費者の権利」と、理念としての「消費者の権利」に分けて考えることができますが、これは後者です。理念として明確化されることによって、消費者政策の指導原理等として機能し、個別の法の改正や新たな法律作りの理念となります。ただし、私法（民法などの私人と私人間に適用される法）上の権利として認められないため、当該規定を根拠に直接消費者の救済を図ることは不可能です。消費者基本法に示された消費者の権利は消費者に与えられた法的権利（私法的権利）[16]ではなく、理念としての権利であると言えます[17]。

[15]　「中で」でくくられている「基本的需要が満たされる権利」、「健康的な環境を享受する権利」は主に発展途上国で主張されている権利であるため、このような表現になっていると考えられます。

[16]　法的権利として確立すると、権利侵害があった場合には、権利侵害を受けた消費者は損害賠償請求権や差止請求権等（私法的権利）が与えられ、自ら救済を求めることが可能となります。

[17]　○○基本法のような法律が数多く存在しますが、具体的に私法上の権利を明示したものではなく、理念や方向性をしているためにプログラム規定あるいは訓示規定と位置付けられています。

3章　法律は消費者を守ってくれない？

1.　民法では消費者は守られないのか？

　悪質商法などをめぐるトラブルの多くは契約上の問題で、「不当な契約からの消費者の解放」ということが解決手段となります。契約はしたけれど、不当だから契約がなかったことにしたいということです。しかし、これはおかしいと思いませんか？　不当な契約であるのならば、なぜ、消費者は契約をしたのかということです。たとえば、「5万円のバッグを買ったが、翌日、他の店で3万円で売っていた。2万円も高いのは不当だから解約したい」。そんな消費者が裁判をしたとしたら、それは消費者の自己責任ということになり、裁判官は不当性を認めないでしょう。しかし、もし、消費者が契約内容を十分理解できず、不当な契約内容だとは気づかずに契約した場合はどうでしょうか。

　民法は判断能力が不十分な人の保護規定を設けています。「制限行為能力者」として18歳未満の人が法定代理人（通常は親）の同意がなく契約した場合に取消権を認めています（未成年者取消権）[1]。

　このほか、精神上の障害（知的障害・精神障害・認知症など）がある者を同様に保護する成年後見制度があります。これは、自分自身で判断することが難しい人について、家庭裁判所によって選ばれた成年後見人等が、身の回りに配慮しながら財産の管理や福祉サービス等の契約を行い、本人の権利を守り生活を支援する制度です[2]。しかし、18歳以上の大学生や入社したてのサラリーマンがあまり契約の知識がないとか、契約書の細かい規定を読まなかったから、契約時に契約内容が理解できなかったという理由では保護されません。

　そもそも、民法は契約自由の原則を取りながらも、90条「公序良俗」で、「公の秩序又は善良の風俗に反する法律行為は、無効とする」と定めていますから、契約内容に不当性があれば、それに、契約後に気付いても無効にできるはずです。しかしながらこの規定は消費者取引の不当性を求めるものとしては要件が厳しく、役に立つ場面は多くはないのです。

　たとえば、第1章で紹介した大学の学納金の返還問題。入学金・授業料をあらかじめ納入させて、その後入学を辞退した場合、いかなる理由でも返金しないという条項は消費者契約法により無効とされるという話はしました。しかし、消費者契約法ができる前は、この条項を民法90条の公序良俗違反として消費者が裁判を起こした事例が多くありましたが、ほとんどの裁判で無効とはされませんでした。最高裁も公序良俗違反ではないとしました[3]。

　これらは一例ですが、民法は消費者を保護するにあたって一定の役割を果たしていますが、現状の消費者トラブルに十分対応しているとは言えません。そうした中で、民法の原則を変える（民法改正による）のではなく、

1　民法4条（成年）
年齢18歳をもって、成年とする。
民法5条（未成年者の法律行為）
1　未成年者が法律行為をするには、その法定代理人の同意を得なければならない。ただし、単に権利を得、又は義務を免れる法律行為については、この限りでない。
2　前項の規定に反する法律行為は、取り消すことができる。（3項省略）

　2022年4月から施行された民法改正によって成人年齢が18歳への引き下げられました。
　かつての未成年者（20歳未満の者）は、婚姻（結婚）をすることによって成年に達したものとみなされていました。これを婚姻擬制と言います。民法改正により、あわせて婚姻年齢は男女とも18歳からとなり、成人年齢と婚姻年齢が男女とも一致しますので、婚姻擬制はなくなりました。

2　成年後見制度には家庭裁判所が成年後見人等を選任する「法定後見」と、あらかじめ本人が任意後見人を選ぶ「任意後見」の2つの制度があります。また、法定後見には、後見、保佐、補助の3つの類型があり、本人の判断能力に応じて家庭裁判所が決定します。

3　最高裁判決平成18年11月27日「学納金返還請求事件」は「大学の入学試験の合格者と当該大学との間の在学契約における納付済みの授業料等を返還しない旨の特約は、その目的、意義に照らして、合格者の大学選択に関する自由な意思決定を過度に制約し、その他合格者の著しい不利益において大学が過大な利益を得ることになるような著しく合理性を欠くと認められるものでない限り、公序良俗に反しない」としました。

消費者の置かれている立場に軸足を置き、トラブルの多い取引領域や契約形態によって消費者法を制定することによって消費者の権利・利益の確保を図っていくというのが現在の消費者政策の基本的な姿と言えます。

民法と消費者法の違いを「買主よ 注意せよ！」[4]から「売主よ 注意せよ！」[5]への原則の転換として説明することができます。たとえば、先ほどの大学生などの若者が契約内容を理解できず不当な契約をしてしまった場合、民法の世界では理解できなかった買い手（消費者）の自己責任ということになります。もし理解できないのであれば、調べたり、売り手に聞いた上で契約をすべきで、それをしないのは自らが悪いのであり、そのリスクは負うべきということになります。しかし、消費者法の世界ではそもそも消費者が知識や情報が不十分であるのは当たりまえなのだから事業者（売り手）に説明義務（聞かれなくても情報を提供する等）を課したり、一定の条件で消費者に解約権[6]を認めたりすることが定められています。また、学納金返還問題の例のように、民法上の公序良俗に違反するほどの不当性がなくても、消費者の立場に立って契約の有効性を否定することが規定されているのです。

2. 法体系のなかの消費者法

1962年に消費者保護基本法（現・消費者基本法）が出来て以来、数多くの消費者法が出来てきました。一方、日本の主要な法律について六法[7]という言葉がありますが、そのうちの1つである民法は私人間（しじんかん）の法律関係を定める私法の中のもっとも基本とされる法律で、消費者、労働者などすべての人に適用される一般法です[8]。国会は立法府と言われるように法律を作る国の最高機関です。毎年のようにたくさんの新しい法律が生まれています。これはどういうことなのかについてまず考えてみましょう。

法律には、地域・人・事項に関係なく広く適用される、基本的なルールを定めた「一般法」と、特定の地域・人・事項にのみ適用される「特別法」があります。

民法は、私人間の法律関係を定める一般法であり、後述しますが、消費者契約法などの消費者法は事業者と消費者との間の関係を定める特別法という位置づけになります。

国会で作られる法律には大きく2種類あります。1つは一般法の改正です。もう1つは特別法の制定あるいは改正です。こうしたことが行われるのは社会構造や人々の考え方が変化し、法律による善悪の判断基準や権利義務関係の再考等が求められるからです。

新しい法律の存在の合理性を支える社会的事実のことを立法事実と呼びます。現在の法律の規定では消費者被害が後を絶たず、予防や救済ができないとか、今までになかったタイプの消費者被害が登場し、現行法令では対応できないといった場合に新たな立法が行われます。

では、なぜ、一般法のほかに、特別法が必要なのでしょうか。一般法を改正すれば良いように思います。

従来の法秩序の考え方では解決できない問題が生じてきた場合に、まず法解釈で対応できる場合があります。同じ法律でも時代とともに裁判所の

4 ラテン語で caveat emptor. 英語では let the buyer beware.

5 ラテン語で caveat venditor. 英語で let the seller beware.

6 特定商取引法等に定められた無条件解約権（クーリング・オフ）など。

7 憲法、民法、刑法、商法、民事訴訟法、刑事訴訟法。

8 ただし、人の属性等には注目せず、対等な私人間の基本ルールとして定められているので、消費者という文言は登場しません。たとえば、民法555条（売買）は「当事者の一方」、「相手方」という文言を使っています。民法623条の雇用においても同じです。

判断が変わっていくことがありますし、これに期待する場合もあります[9]。しかし、解釈の範囲を超える場合には、立法による解決が必要です。一方、基本的な法律を頻繁に改正することは、法的安定性という意味では必ずしも好ましいことではありません。一般法はあらゆる場面で活用される基本的なルールですので、体系的な統一も必要です。

また、ある領域で問題が起きているからと言って一般原則を修正する必要性が必ずしもあるわけではありません。そのために、特定の分野について特別法を制定して適切な解決を図ることが必要となることも多くあるのです[10]。

2020年に施行された改正民法の前までは、日本の民法は約120年前（1896年）に制定されたときのままの内容がほとんどでした。しかし、契約に関してみても、この120年の間に社会状況は大きく変化しました。たとえば、今日では日常的な取引の多くが約款[11]を用いて行われていますが、以前の民法には、約款に関する規定はありませんでした。そこで、社会経済の変化への対応を一般法たる民法の改正で行うことが必要だと考えられ、2017年6月2日、民法の契約に関するルールを大幅に見直す、民法改正法が成立し[12]、2020年4月1日に施行されたのです。

さらに、前述したように日本の成人年齢は20歳でしたが、これを18歳に引き下げるための民法改正も行われました。これについては18歳、19歳の若者の未成年者取消権が喪失するため、民法の消費者保護機能の低下だとする主張が多くありましたが、成立しました。

民法改正は行われましたが、憲法や民法、商法といった一般法を基調としながら問題が起こっている領域において特別法たる消費者法の制定により消費者保護を図っていると言えます[13]。民法は、人間を対等な存在と捉え、各人が自由意思に基づいて自律的に法律関係を構築することによって、よりよい社会が成立するという思想に立っています。そこで想定されている人間は、理性的・合理的な判断能力を持つ、具体的な属性によらない均一、抽象的な法的人格です。すなわち、民法が前提とする契約は、対等な当事者による対等な関係であるということができます。

しかし、前述したように、社会メカニズムの進展に伴い、法人を含む人々の間の社会的・経済的格差が顕著になりました。商品の大量化や企業の大規模化に加え、商品・サービス・販売方法の複雑化などが進んでいます。それに伴い消費者としては、そもそも交渉の余地が乏しい、情報の取得・選択が困難、危険・劣悪・不要な商品を購入する危険性が高くなるなどの状況に置かれています。

消費者法は事業者に対して情報の量や質、経済力、交渉力等において劣位にある具体的人格を消費者と概念し、事業者と消費者の関係をできる限り公正なものとし、実質的公平を図ろうとしているのです。

さて、一般法と特別法の規定が違うのであれば、解釈はどうすればよいのでしょうか。「特別法は一般法に優先する」という法原則があります。したがって、2つの法律の規定が矛盾する内容となっているような場合は、特別法の規定が優先するということになります。

3. 消費者法とはどういう法律？

　「消費者法」とは消費者の権利・利益を守る機能を有する法領域・法律群のことを言うのであり、「消費者法」という名の法律があるわけではありません。かつては、「消費者保護法」と呼ぶのが一般的でしたが、消費者を保護の対象と考えるのではなく、権利主体として捉え、その自立を促す機能を有すべきという考えから、「保護」の文字を取り、「消費者法」とするようになってきました。1968 年制定の「消費者保護基本法」が 2004 年に改正され、「消費者基本法」となったのもこの主旨です。

　前章で述べた消費者基本法の理念のもと、いろいろな法律が制定されたり、改正されたりして消費者の権利を守る機能を果たしていると言えます。

　法律はいろいろな観点での分類が可能ですが、誰が利用することを想定しているかで分類することができます。消費者の権利や利益を守る法律を考えた場合、以下のような分類が可能です。

民事法規	消費者に具体的な権利を与え、事業者によってその権利を侵害されたときに司法の場（裁判所）で消費者自らが権利回復を求めることができる。 **例**　消費者契約法、製造物責任法
行政法規	行政が消費者の権利や利益を侵害する事業者の行為を予防したり、止めさせたりするために、一定の行為をまずは禁止した上で、一定の能力が認められた者（たとえば医師）だけにそれを認める免許制を導入したり、営業開始にあたって許認可制にするなど。また、問題があったときは免許をはく奪したり、営業の停止処分をする（たとえば、建築業法、旅行業法、保険業法などのいわゆる「業法」*）。ただし、産業や業界の保護育成を目的として、あわせて消費者の権利・利益の擁護に資するものも多い。
刑事法規	法益を侵害する行為が著しい場合に犯罪としてその行為を行った者を処罰する**。刑法上の「詐欺罪」、「脅迫罪」、「業務上過失致死傷罪」等も場合によっては消費者被害事案で責任を追及できる。

　＊　「ぎょうほう」と言われるものです。○○業法など、業種ごとの行政法規であることからこのように呼ばれています。
　＊＊　一定の行為違反について罰則を科す刑事罰規定を直罰規定、違反行為があった場合にまずは行政庁が命令を出し、それに従わなかった場合に罰則を科す刑事罰規定を間接罰規定と言います。

　消費者法と言われる一連の法律には消費者基本法に加え、これら民事法規、行政法規、刑事法規が含まれます。ただし、これら複数の機能を有する法律も多くあります。考え方としての分類です。

　たとえば、特定商取引法（旧・訪問販売法）は行政法規を中心とする法律で、事業者による違法・悪質な勧誘行為等を防止し、消費者の利益を守ることを目的とする法律ですが、クーリング・オフ権などの民事法規と罰金等の処罰規定を設けた刑事法規（行政刑法）も含んでいる法律です。

　これらの関係を示したのが、次ページの図です。

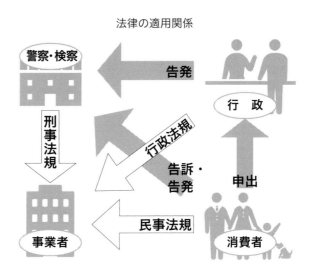

法律の適用関係

日本では公法（ここでは、行政法規と刑事法規）と私法（民事法規）が基本的に異なる目的・法理を持ったものとして扱われています。

民事法規を使って、消費者は自らの権利・利益の回復（被害救済）を図ることができますが、行政法規や刑事法規を自らが利用することはできません。逆に行政は行政法規によって事業者を処分する権限を、検察官は刑事法規により刑事訴追する権限を有しますが、事業者に消費者の被害救済を命じる権限（民事救済権限）は与えられていないのです[14]。

ただし、被害を受けた消費者が行政や警察に対して何も言えないのかというとそうではありません。消費者が行政に対して行政権限を行使するよう促す制度としては、独占禁止法や特定商取引法等に消費者等の申出に関する規定があります[15]。被害者等が警察・検察に捜査や起訴など刑事訴訟を促す制度としては、告訴（犯罪被害者の申出、刑事訴訟法230条）、告発（第三者による申出、刑事訴訟法239条1項）制度があります[16]。

なお、これら民事法規、行政法規、刑事法規のほかに、自主規制という分野もあります。事業者あるいは事業者団体自らがルールを作って、自らが守るというものです。

コンプライアンス経営という言葉が最近聞かれるようになってきましたが、コンプライアンスとは「法令遵守（じゅんしゅ）」という意味です。企業自らが倫理行動基準等を公表して法令遵守や社会的責任（企業の社会的責任＝CSR：corporate social responsibility）などを誓うものです。

[14] 例外的な制度として、2006年に組織犯罪処罰法に定める組織犯罪事件で国が追徴・没収した犯罪収益から、犯罪被害者に「被害回復給付金」の支給を検察官が行うことが可能となりました。また、殺人、傷害などの故意の犯罪事件などでは、刑事裁判所に対し、起訴後、刑事裁判の弁論が終わるまでの間に、被告人に対する損害賠償命令を申し立てることができる「損害賠償命令制度」があります。

[15] たとえば、特定商取引法（特商法）60条1項「主務大臣に対する申出」は「何人も、特定商取引の公正及び購入者等の利益が害されるおそれがあると認めるときは、主務大臣に対し、その旨を申し出て、適当な措置をとるべきことを求めることができる」とし、同2項は、「主務大臣は、前項の規定による申出があったときは、必要な調査を行い、その申出の内容が事実であると認めるときは、この法律に基づく措置その他適当な措置をとらなければならない」と定めています。

[16] ただし、企業による経済犯罪に対する告訴、告発の受理に対しては警察はあまり積極的でないことが指摘されています。

4. 消費者の権利・利益を守るために目指すもの

　それでは消費者の権利・利益を守るためにはどのようなことが達成されればよいのでしょうか。消費者基本法に定める消費者の権利規定との関連でその大枠を見てみましょう。

　下図は消費者基本法における消費者の権利と、そこで述べられている基本的な施策との関係について示したものです。

消費者の権利と基本的施策の関係

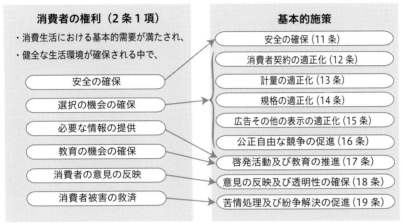

　ここでは、消費者の権利についてふれた前述の消費者基本法2条1項のうち前段にある、「国民の消費生活における基本的な需要が満たされ、その健全な生活環境が確保される中で」の文中で触れられている、「最低限の需要が満たされる権利」および「健康的な環境への権利」については、同法の基本的施策との関係を提示してはいません[17]。

　そして、安全の確保（安全である権利）は、同法11条「安全の確保」が対応し、選択の機会の確保（選ぶ権利）は、同12条「消費者契約の適正化等」、同13条「計量の適正化」、同14条「規格の適正化」、同15条「広告その他の表示の適正化」、同16条「公正自由な競争の推進等」が対応し、必要な情報の提供（知らされる権利）および教育の機会の確保（消費者教育を受ける権利）は同17条「啓発活動及び教育の推進」が対応し、消費者の意見の反映（意見を反映させる権利）は、同18条「意見の反映及び透明性の確保」が対応し、消費者被害の救済（補償を受ける権利）は同19条「苦情処理及び紛争解決の促進」が対応しています。

[17]　この2つの権利概念は発展途上国の消費者を意識してCI（旧IOCU）により提唱されたものであり、先進国ではあまり議論になっていないのは事実です。立法審議の過程における野党の要求により、理念規定の中に文言は挿入されたという経緯があります。

4章 市場の競争にルールがなかったら?

1. 市場に必要な条件とは

　市場経済においては公正な競争状態を維持することが必要です。消費者にモノを提供する事業者間で競争があるからこそ、より良い商品がより安く提供されることはすでに述べました。スポーツは競争ですが、ルールがあり、それを守らないスポーツはスポーツではなく、場合によっては暴力となり得ます。同様に、市場における競争も健全なルールに基づき、公正な競争をする必要があります。たとえば、競争関係にある事業者が合併して巨大化したり、事業者間で競争をしないことを約束したりするようなことがあれば、競争が起きにくくなり、消費者に提供されるモノの質が悪くなったり、価格が上がることが予想されます。

　また、消費者に嘘をついたり、販売するモノが著しく優良であるように消費者が誤認するような表示を行えば、消費者は誤った選択をし、損害を被ることもあります。

　このような考えから、公正競争の確保が消費者の利益確保の重要な方法の1つとされており、そのための法律が独占禁止法（独禁法）[1]であり、その執行の中心は公正取引委員会です[2]。また独禁法の特別法として過剰な景品や不当な表示を禁止する景品表示法（景表法）[3]が制定され、消費者庁が執行しています[4]。

　また、商品やサービスの分野ごとに適切な情報を消費者に提供するための法律がありますし、景表法に基づく業界ごとの自主規制としての公正競争規約があります。

　一方、競争にゆだねるのではなく、国会、政府や地方公共団体が市場への参入制限をしたり、モノの価格の決定や改定に直接関わっている分野があります。公共料金分野です。

　この章ではこれらの役割についてみていきます。

2. 独占禁止法の役割

　競争を維持・促進する政策は競争政策と呼ばれていますが、その中心は独禁法です。競争政策は消費者の権利や利益を守る消費者政策とも、密接な関係があります。市場において企業間の競争がなくなってしまうと、より安い商品やより良い商品を選ぶことができなくなるなど、消費者のメリットが奪われてしまいます。独禁法は、このような行為を禁止している法律で、競争法として、位置付けられています。その体系と目的は以下の通りです。

1　正式名称は「私的独占の禁止及び公正取引の確保に関する法律」（1947年）。

2　ただし、公正競争の確保は、消費者の利益確保だけに資するものではなく、取引の自由を求める事業者のためでもあります。

3　正式名称は「不当景品類及び不当表示防止法」（1962年）。

4　景表法は独禁法の特別法として公正取引委員会が所管していましたが、消費者庁の発足とともに同庁に移管され、独禁法の特別法としての位置づけではなくなりました。しかし機能的には変化はありません。

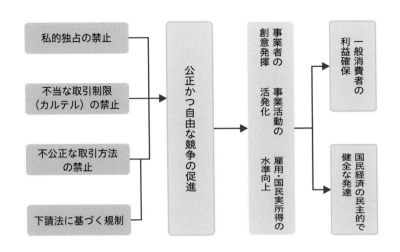

- **私的独占の禁止**　不当な低価格販売や差別的な価格によって競争者を排除したり、新たに参加しようとする事業者を排除することなどを禁止。
- **不当な取引制限（カルテルの禁止）**　価格や生産・販売数量などを制限する複数の企業による協定のことをカルテル [5] と言い、禁止されています。
- **不公正な取引方法の禁止**　デパートやスーパーが、納入業者に従業員派遣や協賛金を強いることや、誇大広告、商品を仕入れ価格よりも安い価格で販売して地域の商店に打撃を与えることなどを禁止。

こうした施策を通じて、公正かつ自由な競争の促進を図り、事業者の創意工夫、活動の活発化を促すことによって、消費者の利益が確保されるという考えです。

なお、独占禁止法以外に、同法を補う下請法 [6] があります。大規模な親事業者から、小さな下請事業者を守るための法律です。消費者とともに小規模企業も大企業に対して経済的弱者の立場にあります。

3. 景品表示法の役割

十分な判断資料に基づいて、自己の需要に最も適合する商品を選択しうるような条件を整備することは、消費者にとって有益です。そのためには消費者に対して真実の情報が適切に伝えられるようにしなければなりません。これは同時に優良な事業者の利益を確保することでもあります。なぜならば、虚偽の情報を流す事業者の方がより多くの顧客を確保してしまうことを防ぐからです。

消費者に対して正しい情報が与えられるために不当な表示を禁止する景表法があります。

実際より良く見せかける表示が行われたり、過大な景品付き販売が行われると、それらにつられて消費者が実際には質の良くない商品やサービスを買ってしまい不利益を被るおそれがあります。景品表示法は、商品や

サービスの品質、内容、価格等を偽って表示を行うことを規制するとともに、過大な景品類の提供を防ぐために景品類の最高額を制限することなどにより、消費者がより良い商品やサービスを自主的かつ合理的に選べることを目的としています。ここでは表示規制の概要について述べます[7]。

景表法は不当表示について、優良誤認、有利誤認の他、「商品・サービスの取引に関する事項について一般消費者に誤認されるおそれがあると認められ内閣総理大臣が指定する表示」を規定しています。

7 景表法は景品規制も行っています。事業者が過大景品を提供することにより消費者が過大景品に惑わされて質の良くないものや割高なものを買わされてしまうことは消費者にとって不利益になります。また、過大景品による競争がエスカレートすると、事業者は商品・サービスそのものでの競争に力を入れなくなり、消費者の不利益につながる場合もあります。このため、景品類の最高額、総額等を規制し、過大景品による不健全な競争を防止しています。

● 優良誤認（5条1号）
　…商品・サービスの品質、規格その他の内容についての不当表示
(1) 内容について、実際のものよりも著しく優良であると一般消費者に示す表示
　例　カシミヤ混用率が80%程度のセーターに「カシミヤ100%」と表示した場合
(2) 内容について、事実に相違して競争業者に係るものよりも著しく優良であると一般消費者に示す表示
　例　「この技術を用いた商品は日本で当社のものだけ」と表示していたが、実際は競争業者も同じ技術を用いた商品を販売していた。

● 有利誤認（5条2号）
　…商品・サービスの価格その他取引条件についての不当表示
(1) 取引条件について、実際のものよりも取引の相手方に著しく有利であると一般消費者に誤認される表示
　例　当選者の100人だけが割安料金で契約できる旨表示していたが、実際には、応募者全員を当選とし、全員に同じ料金で契約させていた場合
(2) 取引条件について、競争業者に係るものよりも取引の相手方に著しく有利であると一般消費者に誤認される表示
　例　「他社商品の2倍の内容量です」と表示していたが、実際には、他社と同程度の内容量にすぎなかった。

● 商品・サービスの取引に関する事項について一般消費者に誤認されるおそれがあると認められ内閣総理大臣が指定する表示（5条3号）
　…以下の6分野について何が不当表示に該当するかを示しています。
○無果汁の清涼飲料水等についての表示
○商品の原産国に関する不当な表示
○消費者信用の融資費用に関する不当な表示
○不動産のおとり広告に関する表示
○おとり広告に関する表示
○有料老人ホームに関する不当な表示

8 2016年4月に改正景表法が施行され、不当表示をした事業者に経済的不利益を課す課徴金制度の運用が開始されました。事業者が不当表示をする行為をした場合、景品表示法5条3号に係るものを除き、消費者庁は、その他の要件を満たす限り、当該事業者に対し課徴金の納付を命じることができます（課徴金納付命令）。課徴金額は、「課徴金対象期間」における課徴金対象行為の対象となった商品・サービスの「売上額」の3%相当額です（8条1項）。

これらの不当表示が行われている疑いがある場合、消費者庁は、関連資料の収集、事業者への事情聴取などの調査を実施し、違反行為が認められた場合は、事業者に対し、不当表示により一般消費者に与えた誤認の排除、再発防止策の実施、今後同様の違反行為を行わないことなどを命ずる「措置命令」を行います[8]。

しかし、景表法による措置命令には課題がありました。不当表示であることの立証のためには科学的な知見や実験などが必要な場合も多く、不当表示の撲滅には大きな弊害でした。そこで、不実証広告規制（7条2項、8条3項）が2003年11月から導入され、立証責任を事業者に転換しました。

つまり、不実証広告規制のもとでは、表示が優良誤認にあたらないことを事業者が立証しなければなりません。事業者が消費者庁に提出した資料に合理的な根拠がないとされた場合は、不当表示と見なされます。

　景表法は市場監視型の規制（間接規制）です。市場に出回っている商品やサービスの表示につき、これらの判断基準に基づき、消費者庁が判断して、措置命令を行うことにより不当表示を排除することが目的です。したがって、表示を義務付ける法律ではなく、事前にその内容を定めるものではありません。

4. 公正競争規約

　公正競争規約とは、景表法31条の規定により、公正取引委員会および消費者庁長官の認定を受けて、事業者または事業者団体が表示または景品類に関する事項について自主的に設定する業界のルールです。表示に関する公正競争規約は、各業界がそれぞれの業種に応じた、より具体的で適切な表示の方法を業界のルールとして自主的に設定したものです。不適切な表示を排除するだけでなく、消費者の商品選択に役立つ適切な表示のルールを積極的に定めることにより、景品表示法に違反する行為の未然防止や消費者の適切な商品選択に役立っています。

　公正競争規約により自主ルールの運用機関として各業界ごとに設置されている「公正取引協議会」が虚偽誇大な表示を調査したり、違反を防止するなど自主的に規制しています。公正競争規約は、2020年6月24日現在、102規約が設定されており、このうち、表示関係は65規約（食品関係35規約、酒類関係7規約、その他23規約）、景品関係は37規約（食品関係11規約、酒類関係7規約、その他19規約）となっています。

5. 適切な選択情報を提供するための法律

　不当な表示をなくすことに加え、日々消費者が購入する商品やサービスの適切な表示も必要です。そこで、適切な表示を行わせるための分野ごとの規制（直接規制）のための法律が数多くあります。

　たとえば、食品については食品表示法、医薬品分野では医薬品医療機器等法[9]、不動産業分野では宅地建物取引業法が表示（広告）について定めています。これらの法律の規定とともに前述の公正競争規約による表示規制を受ける場合が多くあります。

　広告表示規制の例を不動産で見てみましょう。宅地建物取引業法により、誇大広告の禁止や広告の開始時期の制限などが定められています。また、「不動産の表示に関する公正競争規約」（2022年9月1日施行）では、広告の表示の仕方や基準などが定められています。いくつかの基準を次ページの表に示します。

9　薬機法（やっきほう）とも省略されますが、正式名称は「医薬品、医療機器等の品質、有効性及び安全性の確保等に関する法律」。薬事法が2013年11月に改正されたものです。

新築・中古の別	建築後1年未満、かつ未入居（誰も住んだことのない状態）を「新築」と表示します。それ以外の物件は「中古」と表示されます。
現地写真	原則として、実際に販売するものでなければ広告に掲載してはならないことになっています。ただし、建物が建築工事の完了前などの場合は、実際に販売する建物と同じものであれば、他の物件の写真をその旨を明らかにして使用できることになっています。また、周辺の施設を紹介する場合は、販売する物件との距離を明示する必要があります。
駅等までの距離	徒歩による所要時間は、物件から駅までの道路距離80mを1分（端数切り上げ）として計算されます。信号の待ち時間や歩道橋の上り下り、坂道、道路の横断などにかかる時間は考慮されていません。また、改札口からではなく、物件にいちばん近い駅の出入り口が基準になるため、ホームまではもっと時間がかかることもあります。

表示は取扱い方法について規定されている場合もあります。取扱い方法自体が商品購入の際の選択情報になることに加え、商品を適切に使用しないと消費者は危害を被る場合もありますし、有用性が発揮されない場合があるからです。

たとえば、日本国内で販売する衣料品等の取扱い表示は、家庭用品品質表示法に基づく繊維製品品質表示規程で定められています。衣服を買うと洗濯マークがタグについていますが、近年改定していることに気付いていますか？ 国際規定であるISO[10]に基づいて付される海外製品と同様に日本国内製品も国際規格に準拠するため、2016年12月1日より新しい表示となっています。

[10] 1947年に設立された国際的な工業規格を策定する民間団体・国際標準化機構。ISOで作成された規格は、「ISO」のあとに分野によって決められている番号が付加されています。

新しい洗濯表示
（消費者庁）

[11] 税金や社会保険料については商品やサービスの対価としての価格・料金ではないため、公共料金には含まれません。

[12] これらの料金分野の多くで総括原価方式が導入されています。すべての費用を「総括原価」とし、さらにその上に一定の報酬を上乗せした金額が電気の販売収入に等しくなるような方法です。
総括原価方式の問題点は、無駄な設備投資がすすんでしまうということや、利益が保証されているためにコストカットの努力を行いにくくなることで、東日本大震災後の東京電力の電気料金値上げ申請に対する経済産業省、消費者庁、消費者委員会の審査のなかでその問題が大きく取り上げられました。

改定前の洗濯表示の例

洗濯の仕方　漂白の仕方　乾燥の仕方

アイロンのかけかた　クリーニングの種類

新しい洗濯表示の例

洗濯の仕方　漂白の仕方　乾燥の仕方

アイロンのかけかた

クリーニングの種類

ドライ
クリーニング　ウェット
クリーニング

6. 公共料金規制

商品の価格やサービスの料金は、市場における自由な競争を通じて決められることが原則となっています。しかし、これらの中には、国会、政府や地方公共団体がその水準の決定や改定に直接関わっているものがあります。これらを総称して公共料金と呼んでいます[11]。

政府が認可するものでは、電気料金、都市ガス料金、鉄道運賃、乗合バス運賃、高速道路料金などが代表的です[12]。政府に届け出るものとしては国内航空運賃などがあります。地方公共団体が決定するものとしては、公営水道料金、公立学校授業料、公衆浴場入浴料などがあげられます。

ではなぜ公共料金は必要なのでしょうか。市場に任せるとうまくいかない分野があるからです。巨額の設備投資が必要なため1社の独占にならざるをえない場合（自然独占）、全国どこでも公平なサービスを提供すべき場合（ユニバーサル・サービス）などでは政府によって何らかの規制が行われます。

　これらの規制は、サービスを提供できる事業者を限定する参入規制が代表的ですが、参入規制があると競争が働きにくく、料金が適正に決められる保証がないため、あわせて料金に関する規制が必要になります。また、公平なサービス提供の観点から、料金を一定の範囲に規制することが直接のねらいとなることもあります。

　なお、ケネディ大統領の消費者の4つの権利のうち、選ぶ権利については以下のように述べられています。

　「できる限り多様な商品やサービスを、競争価格で入手できるよう保障される権利。また、競争が働かず政府の規制が行われている業種においては、満足できる品質とサービスが公正な価格で保障される権利」（下線筆者）。

　後段の下線部は、競争が働かず、政府が規制する公共料金分野において消費者に公正な価格で満足のゆく商品・サービスが提供されるべきことを述べており、注目されます。

　しかしながら、公共料金の高値安定が問題になってきました。高度経済成長期の物価高の時代には、公共料金政策は物価政策の一部であり、いかに値上げ幅を抑制するかに集中していました。しかし、バブル崩壊後の経済が委縮し物価が下がるデフレ経済のもと、公共料金はあまり下がることがなく、その適正水準の検証と値下げを促す仕組みが求められてきました[13]。

　しかし、近年、ウクライナ情勢による原油価格の上昇等により公共料金の上昇が続いており、潮目が変わっています。例えば、経済産業省は、電力大手10社のうち、東京電力や東北電力、北海道電力など7社が申請していた家庭向け電気料金の値上げを認可し、2023年6月分から、使用量が平均的な家庭で14〜42％上がりました。

　また、電気料金などの分野で自由化が進んでいます。電力会社は、関東は東京電力、関西は関西電力など地域独占でした。これまではビルや工場などの高圧で電気を使用する需要家の電気料金のみ、自由交渉に基づき決定され（自由化部門）、一般家庭などの低圧で電気を使用する需要家の電気料金は公共料金としての規制を受けてきました。

　2016年4月1日以降は自由化され、消費者が電力会社や料金メニューを自由に選択できるようになっています。しかし、料金規制経過措置がとられています。小売電気事業者間の競争が十分に進展するまでの間（当初は2020年3月までとされていましたが、市場競争の状況から廃止はいったん見送られています）は、これまでの一般的な料金メニュー（公共料金）も、各地域の電力会社から引き続き提供されます[14]。経過措置が終わったあと、競争により料金が安くなるのか、逆に規制がなくなるゆえに値上げが行われるのか注目されています。

13　2012年2月28日に内閣府消費者委員会が「公共料金についての建議」を行い、公共料金の決定過程の透明性および消費者参画の機会確保とともに、デフレ時代に見合った料金水準への「値下げ」を求めることができる仕組みのあり方、原価の査定が厳正に行われるような仕組みのあり方等の検討を政府に求めました。

14　電気料金プランは、規制料金と自由料金の2つに分けられます。規制料金は、電力自由化以前から提供されている料金プランで法的に料金が制限されていますが、自由料金は、電力自由化以降に誕生した料金プランで、法的な制限がありません。自由料金は各電力会社の判断で料金改定ができるのに対し、規制料金は経済産業大臣の認可を受けられれば改定ができます。規制料金はいずれ廃止される予定とされています。

Column 主な**消費者法**（消費者庁所管法）一覧

組織や消費者行政全般に関する法律

○消費者庁及び消費者委員会設置法　　○消費者基本法　　○消費者安全法
○独立行政法人国民生活センター法

「表示」に関する法律

○不当景品類及び不当表示防止法（景表法）　　○消費税の円滑かつ適正な転嫁の確保のための消費税の転嫁を阻害する行為の是正等に関する特別措置法　　○食品表示法
○健康増進法　　○日本農林規格等に関する法律（JAS法）
○米穀等の取引等に係る情報の記録及び産地情報の伝達に関する法律
○家庭用品品質表示法　　○住宅の品質確保の促進等に関する法律

「取引」に関する法律

○特定商取引に関する法律（特商法）
○預託等取引に関する法律　　○特定電子メールの送信の適正化等に関する法律
○貸金業法　　○割賦販売法
○宅地建物取引業法　　○旅行業法
○無限連鎖講の防止に関する法律
○出資の受入れ、預り金及び金利等の取締りに関する法律（出資法）

「安全」に関する法律

○消費生活用製品安全法

○有害物質を含有する家庭用品の規制に関する法律

○食品衛生法

○食品安全基本法

その他の法律

○製造物責任法　　○消費者契約法　　○電子消費者契約に関する民法の特例に関する法律
○取引デジタルプラットフォームを利用する消費者の利益の保護に関する法律　　○金融サービスの提供に関する法律　　○国民生活安定緊急措置法　　○生活関連物資等の買占め及び売惜しみに対する緊急措置に関する法律　　○物価統制令　　○特定興行入場券の不正転売の禁止等による興行入場券の適正な流通の確保に関する法律　　○食品ロスの削減の推進に関する法律
○消費者の財産的被害の集団的な回復のための民事の裁判手続の特例に関する法律　　○公益通報者保護法　　○消費者教育の推進に関する法律

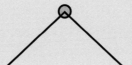

II 取引被害から身を守る

私たち消費者は毎日、事業者の供給する商品やサービスを購入することによって自らが生きていくための需要を満たしています。

そうした中で、契約内容や販売形態が多様化し、消費者にとっては選択肢が増え、便利になる一方で、不当な契約内容や取引方法が登場し、法的対応が必要になってきています。

取引トラブルの実態と対策について考えていきます。

5章 この契約おかしい気がする…
〜不当な契約と消費者〜

1. 消費者はそもそもなぜ不当な契約を締結するのか

　不当な契約から消費者を守るためにはどのような方策が考えられるでしょうか。

　まずは、不当な契約を市場から排除してしまうことが考えられます。そうは言っても監視社会ではないですから、たえず企業の活動を監視し、不当な契約内容を定めた約款[1]を使い始める前に完全に排除することは不可能です。

　しかし、有効なのは行政規制です。約款が一対多数で使われる性質のものであり、不当な契約条項が存在すれば、多数の消費者が被害を被る可能性があることを踏まえ、社会の要請に応じて行政が約款の内容を規制する方法です。多くは業法と呼ばれる業種ごとに定めた行政法規（銀行法、旅行業法など）が営業の許認可権とともに消費者との間で使用する約款についても規制しています[2]。

　もう1つの方法は民事規制です。たとえ、事業者と消費者の間で形式的に契約が成立していても、その効力を否定する方法です。本章では消費者を不当な契約から守る民事規制分野での法理について考えてみます。

　そもそも消費者はなぜ不当な契約を締結するのでしょうか？　自分にとって不当ならば契約しないはずです。

　アダルトサイトのトラブルは以前より減少しているものの、依然として多く発生しています。「無料のページを見ていたら、『ご入会ありがとうございます。入会金10万円です』という画面になってしまって、PCから消えない」などの消費者苦情です。この場合、「配信映像を10万円支払って視聴する」という当事者同士の合意があったとは言えず、契約は成立していないと考えられるケースも多くあります[3]。

　一方、形式的には契約は成立していると考えられても、その内容の不当性から消費者をその契約から解放する必要性が迫られる事例も多くあります。それを可能にする法理が検討されてきました。消費者法の発展の多くはこの点の歴史と言ってよいかもしれません。何らかの理由で、消費者が契約時に不当性を認識できておらず、契約後にその不当性が明らかになる場合、あるいは不当であることは認識していても、契約への誘引や契約締結過程において自由意思の形成が阻害され、契約せざるを得ない状況に追い込まれる場合も考えられます。事業者と消費者の情報量の格差にも目を向ける必要があるでしょう。

　消費者は事業者に対して弱い立場にあるがゆえに、不当な契約から消費者を守るということが社会的な要請となり、民法の基本原則を修正した消費者法が必要になっていることは前述したとおりです。

1　多数の契約に用いるためにあらかじめ定式化された契約のことです。改正民法では「定型約款」という規定が設けられました。

2　これについてはサービス分野の消費者保護で特に重要となるため、第10章で解説しています。

3　契約は、「申込み」と「承諾」の自由意思の合致によって成立するというのが大原則です。改正民法（2020年4月1日施行）522条1項は「契約は、契約の内容を示してその締結を申し入れる意思表示（以下「申込み」という。）に対して相手方が承諾をしたときに成立する」として、このことを明記しています。

2. クーリング・オフ

通常の店舗でのモノの購入だけでなく、消費者が自宅などで不意の訪問を受けて勧誘されるなど、自らの意思がはっきりしないままに契約の申込みをしてしまうことが増えました。そこで、消費者が頭を冷やし再考する機会を与えるために導入された制度がクーリング・オフ[4]です。そもそも契約は、互いに守ることが原則です。しかし、突然の訪問や電話などで勧誘され、よく考える間もないまま契約を結んでしまう場合があります[5]。このような場合にまで「契約を守らなければならない」という原則をつらぬけば消費者にとって不利であり、その救済措置としてクーリング・オフ制度ができました。したがって、消費者が自分で店に出向いたり、広告を見て自分から電話やネットで注文する取引には、クーリング・オフ制度はありません。また、通信販売（カタログ・ネット・テレビ・ラジオを媒体とした各ショッピング）にもクーリング・オフ制度はありません。

クーリング・オフにより、一定の期間内であれば違約金などの請求・理由説明の要求を受けることなく、一方的な意思表示のみで申込みの撤回や契約の解除ができます。無店舗販売を広範に規制する「特定商取引法」や「割賦販売法」のほか、個別の商品、販売方法、契約等ごとに「特定商品等の預託等取引契約に関する法律」、「宅地建物取引業法」、「ゴルフ場等に係る会員契約の適正化に関する法律」、「金融商品取引法」、「保険業法」等で規定されています。クーリング・オフ一覧はⅳページのコラムにあります。また、特商法におけるクーリング・オフについては第6章で述べます[6]。

クーリング・オフ制度は時代とともにその適用範囲を拡張してきました。言い方を変えると、消費者被害が増え、社会問題化した取引領域やモノやサービスについてだけ対象としてきた歴史があります。それは、この制度が無条件解約権という強力な消費者保護法理であり、個々の契約の違法性を問わないことの裏返しでもあります。個々の違法性を問わない代わりに、違法な行為が起きやすい領域に限定し、かつ権利行使期間も8日や20日等比較的短期にするという制度設計になっています。しかしながら従前採用されていた指定商品・指定役務制が廃止されるなど、その適用範囲はかなり拡張してきています。ありとあらゆるモノが市場に登場し、どれも消費者被害を発生させやすい社会になったからと言えるかもしれません。

3. 消費者契約法

⑴ 概要

消費者が事業者と契約をするときに、両者の間には持っている情報の質・量や交渉力に格差があることを前提に、消費者の利益を守るため、2001年4月1日に消費者契約法が施行されました。同法は、消費者契約について、不当な勧誘による契約の取消しと、不当な契約条項の無効等を規定しています。その後も、取り消しうる不当な勧誘行為の追加、無効となる不当な契約条項の追加等の改正が行われました。

以下にその内容を示します[7]。

[4] cooling off.「頭を冷やす」の意味。世界ではじめてこの制度が導入されたのはイギリスの「Hire-Purchase Act（割賦販売法）」（1965年）とされています。日本は世界的にみてクーリング・オフ制度が充実している国です。

[5] こうした法理の正当性の根拠は「不意打ち性」の存在です。

[6] さらに特商法には過量販売による解除権、意思表示の取消し、中途解約権などの民事ルールがあり、これらについても第6章で述べます。

[7] クーリング・オフは個々の契約における事業者の違法性を問わず契約解除ができる反面、その対象を限定しています。他方、消費者契約法による取消しや無効は、違法性が存在している場合にのみ適用される反面、広く消費者契約を対象としています。消費者としては双方の活用を通じて自らの権利回復を図ることができます。

(2) 消費者を誤認・困惑させる勧誘があった場合の取消し

　販売員の勧誘がしつこくて断り切れず、必要ないのに契約してしまった」「営業マンの言葉を信じて契約したが、後でよく確認したら言われた話と違っていた」というように、事業者が消費者を困惑させたり、誤認させたりするような不当な「勧誘」をした場合、消費者はそれによって結んだ契約を取り消すことができます（「取消権」といいます）。

　具体的には、以下のような行為が「不当な勧誘」にあたります[8]。

① 嘘を言われた（不実告知）[9]

　契約の対象となるモノやサービスの内容・品質・効果などの説明、価格や支払方法、その他重要な事項（契約内容）について、事実と違う説明をした場合。また、契約の対象となるモノやサービスに関連しない事項について、生命、身体、財産その他重要な利益についての損害または危険を回避するための必要性について、事実ではないことを言った場合。

> 例）「この機械を付ければ電気代が安くなる」と勧誘し、販売したが、実際は、そのような効果はなかった。

② 必ず値上がりすると言われた等（断定的判断の提供）[10]

　将来における変動が不確実な事項について、確実であると告げた場合。

> 例）将来、確実に値上がりするとは限らない金融商品について、「確実に値上がりする」「必ず儲かる」などと説明して販売した。

③ 不利になることを言われなかった（不利益事実の不告知）

　消費者の利益となる旨を告げながら、重要事項について不利益となる事実を故意または重大な過失[11]により告げなかった場合。

> 例）すぐ隣の土地に、眺めや陽当たりを阻害するマンションの建設計画があることを知りながら、それを説明せずに「眺望・日照良好」と説明して住宅を販売した。

④ お願いしても帰ってくれない（不退去）

　事業者が消費者の自宅や勤務先などで勧誘しているとき、消費者が事業者に対し、帰ってほしいなど退去すべき旨の意思を示したにもかかわらず、事業者が退去しなかった場合。

> 例）消費者の自宅を訪れた事業者に、消費者が「もうお引き取りください」と言っても、「契約してくれるまで帰らない」などと居座り、契約させた。

⑤ 帰りたいのに帰してくれない（退去妨害）

　事業者が勧誘している場所から、消費者が帰りたいなど退去する意思を示したにもかかわらず、消費者を退去させなかった場合。

> 例）事業者の販売店や事務所などで勧誘された消費者が、「契約はしませんのでもう帰ります」と言っても、「まだ説明が終わらないから」などと強く引き留め、契約させた。

⑥ 退去困難な場所へ同行されて勧誘

　事業者が、勧誘することを告げずに、消費者を任意に退去することが困難な場所に同行し、その場所において勧誘をした場合。

> 例）「景色を見に行こう」と事業者に誘われ、交通の便の悪い山奥に一緒に行ったところ、行った先でもうけ話の勧誘を受けた。

⑦ 威迫する言動を交えて相談の連絡を妨害

　事業者が、威迫する言動を交えて、消費者が契約を締結するかどうかについて第三者に相談の連絡を行うことを妨げた場合。

8　以下の説明や事例は政府広報オンライン「暮らしに役立つ情報」の「これだけは知っておきたい消費者契約のABC」（2023年1月6日）参照。

9　不実とは「事実と異なること」です。真実または真正でないことをいい、告知された内容が客観的に真実または真正でないことです。

10　「断定的判断」とは、確実でないものが確実である（例えば、利益を生ずることが確実でないのに確実である）と誤解させるような決めつけ方をいいます。

11　「故意」とは、当該事実が当該消費者の不利益となるものであることを知っており、かつ、当該消費者が当該事実を認識していないことを知っていながら、「あえて」という意味。「重大な過失」とは、僅かの注意をすれば容易に有害な結果を予見することができるのに、漫然と看過したというような、ほとんど故意に近い著しい注意欠如の状態をいうとされています（消費者庁「消費者契約法逐条解説」）。

例）契約するかどうか親に電話で相談して決めたいと事業者に言ったところ、「もう大人なんだから自分で決めないとだめだ」と迫られ相談させてもらえなかった。

⑧　就職セミナー商法等（不安をあおる告知）

事業者が、消費者が社会生活上の経験が乏しいことから、願望の実現に過大な不安を抱いていることを知りながら不安をあおり、契約が必要と告げた場合[12]。

例）就活中の学生の不安を知りつつ、「このままでは一生成功しない、この就職セミナーが必要」という勧誘を事業者から受けた。

⑨　デート商法等（好意の感情の不当な利用）

事業者が、消費者が社会生活上の経験が乏しいことから勧誘者に好意の感情を抱き、勧誘者も同様の感情を抱いていると誤信していることを知りながら、契約しなければ関係が破綻すると告げた場合。

例）SNSで知り合った男性と何度か連絡をして好きになった。宝石展示場に誘われて行ったところ、「買ってくれないと関係を続けられない」と言われ契約した。

⑩　高齢者等が不安をあおられる場合（判断力の低下の不当な利用）

事業者が、消費者が加齢や心身の故障により判断力が著しく低下していることから、現在の生活の維持に過大な不安を抱いていることを知りながら、不安をあおり、契約が必要と告げた場合。

例）加齢により判断力が低下した消費者に対し、「投資用マンションを買わなければ、定期収入がなく今のような生活を送ることは困難である」と告げる勧誘を受けた。

⑪　霊感商法等（霊感等による知見を用いた告知）[13]

事業者が消費者に対し、霊感等の特別な能力により、当該消費者またはその親族の生命、身体、財産などの重要な事項について、そのままでは現在生じ、若しくは将来生じ得る重大な不利益を回避できないとの不安をあおり、またはそのような不安を抱いていることに乗じて、その重大な不利益を回避するためには契約が必要不可欠である旨を告げた場合[14]。

例）「私は霊が見える。あなたには悪霊がついておりそのままでは病状が悪化する。この数珠を買わないと、悪霊を除去できない」と告げる勧誘を受けた。

⑫　契約前に強引に代金を請求される場合（契約締結前に債務の内容を実施等）

事業者が、契約締結前に、契約による義務の全部もしくは一部を実施し、または契約の目的物の現状を変更し、実施または変更前の原状の回復を著しく困難にした場合。

例）事業者が、注文を受ける前に、自宅の物干し台の寸法に合わせてさお竹を切断し、代金を請求された。

事業者が、契約締結前に、契約締結を目指した事業活動を実施し、これにより生じた損失の補償を請求する旨を告げた場合。

例）別の町の事業者から、マンション投資の勧誘で会ってほしいと言われ会ったが、「あなたのためにここまで来た、断るなら交通費を支払え」と告げ勧誘された。

⑬　分量や回数などが多過ぎる場合（過量契約）

消費者にとって通常必要とされる商品の分量やサービスの回数等を著しく超えることを事業者が知っていながら契約させた場合。

例）一人暮らしであまり外出せず、着物をふだん着る習慣もない高齢の消費者に対して、事業者がそのことを知りながら、その消費者が店舗に訪れた際に勧誘して着物を何十着も販売した。

12　社会生活上の経験が乏しいかどうかは、年齢によって定まるものではありません。中高年でも、社会生活上の経験の度合によっては、この要件に該当すると考えられています。

「願望」の対象は、進学、就職、結婚、生計といった、一般的・平均的な消費者にとって社会生活を送る上で重要な事項です。育児、家族の健康等も含まれるとされています。

また、身体の特徴・状況も、この「願望」の対象です。容姿、体型、身長のほか、毛髪・皮膚等の特色、顔のニキビ、視力の低下等も含まれます。

13　世界平和統一家庭連合（旧統一教会）の問題を受けて改正され2023年1月5日から施行されています。

改正により「今、悪いことが起きている」と告げられた場合など、将来だけでなく現在生じている不利益への不安も含められました。また契約者だけでなく、「親族」に不利益が生じるとあおった場合も取消し対象とされています。

霊感等による知見を用いた告知の場合の取消権は、追認することができるときから3年、契約締結時から10年の間、行使することが可能です。

14　同様に、不当な勧誘によって高額な寄附をせまられ、家庭が困窮したり崩壊したりする事例が相次いで報告された問題を受けて、「不当寄附勧誘防止法」（正式名称：法人等による寄附の不当な勧誘の防止等に関する法律）も2023年6月1日から施行されています。

寄附の性質により、消費者契約に該当しない寄附がされた場合でも、不当寄附勧誘防止法に基づく取消しによって保護が図られています。

(3)　消費者の利益を不当に害する条項の無効

　契約は法的効果を生む約束であるため、いったん結んだ契約はお互いに守るのが基本です。ただし、消費者の利益を不当に害する内容については、契約書に示されていても効力を持ちません。以下のような契約条項は無効になります。

① 　事業者は責任を負わないとする条項（事業者の損害賠償責任を免除する条項）

　損害賠償責任の全部を免除する条項や、事業者の故意または重過失による場合に損害賠償責任の一部を免除する条項は無効です。

> 例）「当ジムは、会員の施設利用に際し生じた傷害、盗難等の人的・物的ないかなる事故についても一切責任を負いません」とする条項

② 　免責の範囲が不明確な条項（事業者の損害賠償責任の一部を免除する条項で、免責の範囲が不明確なもの）

　事業者に軽過失がある場合のみ損害賠償責任の一部が免責されることを明らかにしていないものは無効です。

> 例）〇無効となる条項：「当社は、法律上許される限り、1万円を限度として損害賠償責任を負います」、〇有効となる条項：「当社は、軽過失の場合には、1万円を限度として損害賠償責任を負います」

③ 　どんな理由でもキャンセルできないとする条項（消費者の解除権を放棄させる条項）

　事業者の債務不履行の場合でも、消費者の解除権を放棄させる条項は無効です。

> 例）「販売した商品については、いかなる理由があっても、ご契約後のキャンセル・返品、返金、交換は一切できません」とする条項

④ 　成年後見制度を利用すると契約が解除されてしまう条項

　事業者に対し、消費者が後見開始等の審判を受けたことのみを理由とする解除権を付与する条項は無効です。

> 例）アパート等の賃貸借契約における「賃借人（消費者）が後見開始の審判を受けた時は、賃貸人（事業者）は直ちに本契約を解除できる」とする条項

⑤ 　損害金やキャンセル料が高過ぎる条項（消費者が支払う損害賠償の額を予定する条項等）

　契約の解除に伴う平均的な損害額を超える部分や、遅延損害金につき年利 14.6％を超える部分についての条項は無効です[15]。

> 例）〇結婚式場等の契約において「契約後にキャンセルする場合には、以下の金額を解約料として申し受けます。実際に使用される日から1年以上前の場合：契約金額の 80％」とする条項、〇「毎月の家賃は当月 20 日までに支払うものとする。前記期限を過ぎた場合には1か月の家賃に対し年 30％の遅延損害金を支払うものとする」といった条項

⑥ 　消費者が一方的に不利になる条項（消費者の利益を一方的に害する条項）

　任意規定の適用による場合に比べ、消費者の権利を制限しまたは義務を加重する条項であって、信義則に反して消費者の利益を一方的に害するものは無効です。

> 例）注文した掃除機が配達されたところ、掃除機のほかに注文していない健康食品が同封されていた。後日、疑問に思って掃除機を注文した際の契約をよく見ると、消費者から事業者に「健康食品は不要である」と電話をしない限り、健康食品を継続的に購入する旨の条項が含まれていた。

15　キャンセル料が高すぎたり、解約時に支払い済みの金銭を返してもらえなかったりした場合、不当な契約条項にあたります。
　学納金返還訴訟ではここにいう損害が入学日（4月1日）前に入学を辞退した場合には大学には生じないという最高裁判決（平成 18 年 11 月 27 日、第1章で前述）が出ました。

4. 「消費者団体訴訟制度」の活用

消費者契約法の2006年の法改正により消費者団体訴訟制度が導入され、2007年6月より運用されています。内閣総理大臣が認定した消費者団体（適格消費者団体）が、消費者に代わって事業者に対して訴訟等をすることができる制度を言います[16]。

民事訴訟の原則的な考え方では、被害者である消費者が、加害者である事業者を訴えることになりますが、訴訟には時間・費用・労力がかかり、少額被害の回復に見合わないこと、訴訟の当事者（原告）の救済がなされても同種のトラブルがなくなるわけではないこと[17]、などから、内閣総理大臣が認定した消費者団体に特別な権限を付与したものです。

具体的には、2007年から施行されている差止請求訴訟制度に加え、2016年からは被害回復を求める訴訟もできるようになりました。消費者裁判手続特例法です。被害回復は、不当な事業者に対して、適格消費者団体の中から内閣総理大臣が新たに認定した特定適格消費者団体が、消費者に代わって被害の集団的な回復を求めることができる制度です。

適格消費者団体は弁護士、消費者団体、生活協同組合、消費生活相談員などにより組織・運営する市民団体であり、政府からの直接の財政支援はありません。トラブルのあったときに情報提供することにより活動を支援できますし、また訴訟を通じて権利回復をしてもらえる場合もありますが、日ごろ、消費者の責任としてこれらの団体の財政支援や活動支援も考えてほしいと思います。

5. 民法改正による消費者保護の充実

2020年4月1日から施行された改正民法は、約120年ぶりの抜本改正です。改正は、約200項目に上り、様々な生活の場面に影響が及ぶ身近なルール変更が目立ちます。そのため、消費者保護に資する改正もあります。消費者保護に重要な2点を簡潔に示しておきます[18]。

① 約款についての規定

事業者が一方的に契約内容を条項化した約款については、裁判例によって契約書としての効力が認められてきましたが、明確な改定はありませんでした。そのため、約款が契約内容なのかについて争いが生じたり、内容を読まないまま同意することで後々の争いが生じたりしやすい状態でした。そこで、改正民法では、利用規約などのいわゆる定型約款についてのルールを定め、合意が擬制[19]される場合の条件を明確化しました。

② 賃貸住宅の敷金返還ルール

敷金や退去時の原状回復費用をめぐるトラブルが頻発していますが、これまで、民法に規定はありませんでした。改正法では、賃貸借（ちんたいしゃく）の終了時に家主は敷金から未払い賃料などを差し引いた額を返還しなければならないと明記されました。また、借主は原状（げんじょう）回復義務を負うが、通常の生活で生じた傷や経年劣化については修繕費を負担する義務はないことを明示しています。

16 第14章でも説明しています。2009年には、消費者団体訴訟制度の対象が景品表示法と特定商取引法に、2015年には食品表示法に拡大されました。2022年には制度の対象範囲が拡大され、一定の慰謝料（精神上の苦痛を受けたことによる損害）の請求が可能になり、また悪質商法に関与した一定の個人を被告とする訴えも可能になっています。制度の実効的な運用を支える第三者的な主体として、国の認定を受ける「消費者団体訴訟等支援法人」が、特定適格消費者団体のサポート等を行うしくみも導入されています。

17 そもそも悪徳商法で被害を受けた消費者が裁判を起こして被害救済を求めることはできますが、悪質な行為を差止めることはできないのが普通です。すでに騙されているのだから更に騙されるわけはないという発想です。日本では民事裁判の社会的意義があまり認識されていません。

18 一方、消費者保護にとって不安な改正も行われました。成人年齢の20歳から18歳への引き下げです。こちらの民法改正は、2022年4月に施行されました。多くの消費者団体や消費者保護の専門家は早急な引き下げに反対してきました。未成年者取消権により保護されていた18歳、19歳の若者が消費者被害にあう懸念があるからです。また、高校生の間に成人となることから法教育・契約に対する指導の在り方にも不安が残っています。

19 法的には同一のものとみなし、同一の法律的効果を与えることとされています。

6章 解約したいけど大丈夫？
～様々な販売形態と法律～

1. 無店舗販売（特殊販売）の増加

　経済の発達とともに、店舗を使用しない訪問販売、通信販売、電話勧誘販売などが大規模に行われるようになってきました。これらの販売形態を総称して無店舗販売あるいは特殊販売と言います。通信販売についても、かつては郵便や電話で商品を申し込むカタログ販売が主流でしたが、テレビショッピング番組やインターネットでの広告、販売が多くなっています。もともと日本では無店舗販売はありました。「行商」や「御用聞き」と呼ばれる日本古来の商売です。行商の１つ、富山の薬売りは各家庭にあらかじめ薬を置いておき、年に１度か２度、家庭訪問し、使用された薬の代金のみを受け取り、使用分を再度補充する、「先用後利」[1]の方法でした。「御用聞き」は酒屋さんや米屋さんが地元の得意先に注文などを聞いて回り、支払いは月ごとの後払いでした。どちらも人間関係を大事にする日本的な商習慣でしたが、戦後の無店舗販売の増加はそうしたものの延長線というより、店舗では消費者が買いそうにない商品や金額の高いものを売りつけたりする販売方法が登場し、トラブルが目立ってきました。

　さらには、勧誘の仕方、契約の方法、商品内容、消費者のトラブル対応に問題のある新しい手口のものが現れてきました。その代表が、マルチ商法と言われる連鎖販売取引[2]です。本部会社と販売員が次々に他の者を販売員として加入させ、ピラミッド式に組織を形成、拡大させることで利益（リクルート報酬＋商品販売収入）が上がるというシステムで、思ったように利益が出ずに被害にあったり、勧誘行為によって被害を拡大させ、自分でも知らないうちに加害者となってしまい、家族や友人との人間関係を壊すことがあったりということで、大きな問題になっています。

　訪問販売の分野では、アポイントメント・セールス[3]、キャッチ・セールス[4]や催眠商法[5]も登場してきました。通信販売や電話勧誘販売では、士商法[6]などが問題になっています。電話勧誘では執拗に勤め先に電話があり、あきらめて契約してしまったり、勧誘から逃れたいために契約してしまうなどのトラブルが多発しています。

2. 特定商取引法（旧・訪問販売法）の制定と改正

　このように人間の信頼関係で成り立つ無店舗販売ではなく、1960年代後半から、むしろ知らない者、遠隔地域でのモノの販売にこうした商法が登場し、消費者被害が増大しました。その特徴の１つは、不意打ち性です。店舗でモノを購入する場合は、消費者は自らの欲するモノがあって出向くということが通常ですが、訪問販売では家庭で生活をしているときに突然見ず知らずの者が立ち入ってくるので、必要のない商品を買わされたり、

1　「用いることを先にし、利益は後から」とした富山売薬業の基本理念です。消費者を信じることによって成り立った商売です。

2　特定商取引法上の名称です。

3　名簿など利用してコンタクトして面会を約束させ、さまざまな特典を並べて商品を販売する方法です。

4　駅や盛り場の街頭で通行人に声をかけて、商品等の購入をもちかけ、店や喫茶店などに誘い、契約させる方法です。

5　参加者に商品を無料で配布するとして集会所やホテルなどに人を集め、はじめは無償配布や安価で商品を販売し、買わねば損というような熱狂的な気分（催眠状態）にさせて高額の商品を買わせる商法です。この方法を初期に多用した「新製品普及会」の頭文字をとってSF商法とも呼ばれます。

6　○○士のような資格の取得を勧誘し、高い教材を売りつけたり、質の悪い通信講座に加入させるなどです。実際には存在しないにもかかわらず、関係官庁の認可が近く出るとかすでに出たと称して、○○士のような資格の取得を勧誘し、相当の金銭を詐取する方法もあります。資格ブームに便乗した悪徳商法です。

価格について見極めることができないまま契約してしまうような消費者が続発しました。通信販売については不意打ち性はないとされましたが、カタログなどだけでモノを購入することから、販売者と消費者との接触がなく、予想外の商品が届いたり、お金を振り込んだのに商品が届かないといったトラブルが起こりました。また、悪質なマルチ商法も登場しました。

そうした中で、1976年に訪問販売法[7]が制定されました。訪問販売および通信販売は、政令で指定された物品（指定商品）を販売する場合にのみ規制対象とし、訪問販売における書面の交付義務、通信販売の広告規制、連鎖販売取引（マルチ商法）における勧誘・広告規制、書面の交付義務とともにクーリング・オフ制度がもうけられました。クーリング・オフできる期間は、訪問販売については契約をした日から4日間、連鎖販売取引については契約をした日から14日間（その後20日に延長）としました。このほか、当時、勝手に商品を送りつけてくるネガティブ・オプションの規定も入れられました。

1984年にはクーリング・オフに関する改正が行われ、期間が4日から7日に延長されました。1985年（昭和60年）には、豊田商事事件が発生し、社会問題化しています。豊田商事という会社が金の現物まがい商法を行い、高齢者を中心に全国で数万人が被害にあい、被害総額は2,000億円近くと見積もられました[8]。

こうした状況を踏まえて、1988年にこの法律は大きく改正されました。改正の主な内容は、訪問販売および通信販売による役務（サービス）提供が規制対象とされ、訪問販売については、キャッチ・セールスおよびアポイントメント・セールスも規制することとしました。この改正で、訪問販売におけるクーリング・オフ期間が従来の7日から8日に延長されました。その後も改正が行われ、2000年には法律名が特定商取引法[9]に改名されました。この際に、いわゆる内職商法・モニター商法を業務提供誘引販売取引として規制を始めました。法律の制定初期は訪問販売を中心として規制していましたが、その対象が多岐にわたっていき、名称が規制の実態にそぐわないものとなり、名称変更に及んだものです。さらに改正を重ね、現在に至っています。その間、特定継続的役務提供、訪問購入などが規制対象となりました。また、訪問販売、通信販売、電話勧誘販売に関する規定で、それぞれ政令で定める指定商品、指定役務[10]、指定権利だけを対象としてきましたが、原則すべての商品、役務が対象になりました。指定権利については、廃止の要望がありましたが、特定権利としてその範囲を広げました。

3. 特商法の規制する取引類型と適用商品等

特商法は、契約トラブルの生じやすい7つの取引類型を対象に、一定の消費者保護ルールを定めています。その類型は次ページの図のとおりです[11]。

(1) 特定商取引法の対象となる取引

これらの7つの取引類型のほか、ネガティブ・オプション（いわゆる「送りつけ商法」）として、事業者から一方的に送り付けられた商品の取扱いについての定めも設けています[12]。

7　正式名称は「訪問販売等に関する法律」。

8　現物まがい商法は、商品を販売するが顧客に現物を渡さず、その商品の運用、管理、保管などを行うと称して、一定期間、預り証等しか交付しない商法をいいます。
豊田商事は、客に金の地金を購入する契約を結ばせ、現物は客に引き渡さずに会社が預かり、「純金ファミリー契約証券」という証券を代金と引き替えに渡す形式を取りました。このため客は現物を購入しているのか確認できず、実態は証券という名目の紙切れしか手許に残らないというものでした。豊田商事の営業拠点には金の延べ棒が積まれていましたが、後の捜査によってそれは「ニセモノ」であったことが明らかになっています。

9　正式名称は「特定商取引に関する法律」。

10　「サービス」の法律用語は「役務」です。

11　適用除外があり、他の法律で消費者保護が図られている場合（電気通信事業法、旅行業法など）、事業者間の契約などは対象になりません。

12　その商品の送付があった日から14日間、引き取り請求をした場合は、引き取り請求した日から7日間の保管義務がありましたが、2021年に改正され、一方的に商品を送りつけられた場合、受領後直ちに商品を処分できることになりました。事業者から支払を請求されても支払は不要です。

契約トラブルの生じやすい7つの類型

訪問販売	通信販売	電話勧誘販売	連鎖販売取引
自宅への訪問販売のほかに、路上や街中で呼びとめ営業所等に同行させて販売するキャッチ・セールス、販売目的を隠して電話等で呼び出し事務所等で契約させるアポイントメント・セールス等の販売	新聞、雑誌、インターネット、テレビ等で広告し、郵便、電話、メール等の通信手段により申込みを受ける販売	電話をかけ又は電話をかけさせて勧誘し、申込みを受ける販売	個人を販売員として勧誘し、その販売員に次の販売員を勧誘させ、販売組織を拡大していく商品・役務の販売

特定継続的役務提供	業務提供誘引販売取引	訪問購入	
長期・継続的な役務（サービス）の提供をする取引 「エステティックサロン」「一定の美容医療」「語学教室」「家庭教師」「学習塾」「パソコン教室」「結婚相手紹介サービス」の7つのサービスが対象	「仕事を提供するので収入が得られる」と誘い、仕事に必要であるとして、商品等を販売して金銭負担を負わせる取引	事業者の店舗以外（消費者の自宅等）での事業者による物品の買取り	

（2）適用商品等

訪問販売、通信販売[13]、電話勧誘販売の法適用は原則として全ての商品・役務と特定権利です。特定権利とは、以下の権利を言います。

- 施設を利用したり、役務の提供を受ける権利のうち、国民の日常生活に関する取引において販売されるものであって政令で定められているもの[14]
- 社債その他の金銭債権
- 株式会社の株式、合同会社、合名会社もしくは合資会社の社員の持分もしくはその他の社団法人の社員権または外国法人の社員権でこれらの権利の性質を有するもの

4. 特定商取引法の規制概要

（1）行政規制

事業者に対して以下のことが定められています。

● 氏名等の明示の義務付け	勧誘開始前に、事業者名、勧誘目的である旨などを消費者に告げることを義務付け
● 不当な勧誘行為の禁止	不実告知（虚偽説明）、重要事項（価格・支払条件・契約解除等）の故意の不告知や威迫困惑を伴う勧誘行為を禁止
● 広告規制	1. 通信販売や連鎖販売取引で広告をする際には、重要事項を表示することを義務付け 2. 虚偽・誇大な広告の禁止 3. 通信販売や連鎖販売取引で消費者の承諾を得ないでメール広告を送ってはならない（オプトイン規制*）
● 書面交付義務	契約締結時に、重要事項を記載した書面を交付することを義務付け**

*　消費者が電子メール広告の受信拒否を意思表示した場合にのみメールを送ることを禁止する方法をオプトアウト規制と言い、電子メール広告送信を消費者から「送信して欲しい」「送信してもよい」という請求や承諾があった場合にのみ認める方式をオプトイン規制と言います。
**　2022年の改正により消費者の承諾があれば電子メールの送付等の電磁的方法でも可能になりました。

消費者への適正な情報提供等の観点から、各取引類型の特性に応じて、上記のような規制を行っています。

[13] 定期購入やサブスクリプション契約という契約が増え、インターネットの健康食品や化粧品の広告画面に「お試しコース〇〇円！」など、格安の販売条件が表示されていたので購入したが、実は小さな文字で数ヵ月分の継続的な購入条件が表示されていて、トラブルになったという事例も増えています。2022年、こうした「詐欺的な定期購入商法」に対して改正がされています。
　具体的には、通信販売において、定期購入ではないと誤認させる表示（定期性誤認表示）をした場合、事業者に罰則が適用されるようになりました。①1回限りの購入か、②2回目からはいくらか、③解約の方法を、最終確認画面で明確に表示しなければいけません。また、定期性誤認表示によって申込みをした消費者は、契約の取消しをすることができるようになりました。

[14] 「保養のための施設又はスポーツ施設を利用する権利」、「映画、演劇、音楽、スポーツ、写真又は絵画、彫刻その他の美術工芸品を鑑賞し、又は観覧する権利」、「語学の教授を受ける権利」が定められています。

特定商取引法の違反行為は、業務改善の指示や業務停止命令・業務禁止命令の行政処分、または罰則の対象となります。

⑵ 民事ルール

消費者が自らの権利行使のために使うことができる以下の民事ルールが盛り込まれています。

<table>
<tr>
<td rowspan="2">クーリング・オフ[15]</td>
<td colspan="2">消費者は、冷静に考えたうえで「契約をやめたい」と思えば、申込みまたは契約後、一定期間内は無条件で契約の解除ができます。</td>
</tr>
<tr>
<td>
<table>
<tr><td>取引形態</td><td>期間</td></tr>
<tr><td>訪問販売・電話勧誘販売・特定継続的役務提供・訪問購入</td><td>8日間</td></tr>
<tr><td>連鎖販売・業務提供誘引販売取引</td><td>20日間</td></tr>
</table>
＊ 通信販売には、クーリング・オフはありませんが、返品特約の記載義務があります。
</td>
</tr>
<tr>
<td>過量販売</td>
<td colspan="2">訪問販売、電話勧誘販売において、日常生活において通常必要とされる分量を超える商品・サービスを契約した場合、契約締結の時から1年以内であれば、解除することができます。</td>
</tr>
<tr>
<td>意思表示の取消し</td>
<td colspan="2">事業者が「重要事項の不実告知」や「重要事項の故意の不告知」等の違法行為を行った結果、消費者が誤認して、契約の申込み、またはその承諾の意思表示をしたときは、消費者はその意思表示を取り消すことができます。取消しができる期間は、消費者が誤認したことを知ったときから1年、契約してから5年です。</td>
</tr>
<tr>
<td>中途解約</td>
<td colspan="2">連鎖販売取引や業務提供誘引販売取引は、複雑な取引で、取引に不慣れな個人が契約内容を理解しないまま契約しがちであること、特定継続的役務取引については長期間にわたる契約で、サービスの質や効果が分かりにくい取引であることから、中途解約して適正な額の返金を受けることができることが定められています。</td>
</tr>
<tr>
<td>消費者が支払う損害賠償等の額の制限</td>
<td colspan="2">消費者が中途解約する際等に、事業者が請求できる損害賠償額に上限が設定されています。</td>
</tr>
</table>

5. トラブル事例

若者が遭遇しそうなトラブル事例をあげます[16]。

⑴ 訪問販売

> 自宅に居たところ、知らない女性から電話があり「アンケートに協力すれば抽選で旅行や飲食の割引サービスが受けられる。当社で詳しい話を聞きませんか」と言われ、指定された営業所に行ったところ、電話をしてきた女性ではなく男性販売員が待っていた。「著名な美術家の絵画がお求めやすく購入できる」「今、購入しないと絶対に後悔する」などと3時間以上勧誘され、契約しないと帰してもらえないと思い、しかたなく50万円の絵画の契約をしてしまった。解約したい。

解決策：このように、勧誘をするためのものであることを告げずに電話で呼び出して商品や役務の購入契約を結ぶことは、アポイントメント・セールスであり、店舗での契約であっても特定商取引法の訪問販売に該当しますのでクーリング・オフ（8日間）が可能です。

15 クーリング・オフは、「書面により」行うことができると規定されていましたが、2022年の改正により、電子メールの送付などの電磁的方法で行うことも可能となりました。電子メールの送付のほか、アプリのメッセージ機能による通知、ウェブサイトのフォームによる通知によっても行うことができます。

16 2017年の神奈川県HP記載の「消費生活トラブル相談事例」より抜粋。

(2) 通信販売

> カタログを見て注文する通信販売で、カーテンを注文したが、部屋の雰囲気に合わず、気に入らないのでクーリング・オフしたい。

解決策：通信販売の場合は、消費者がカタログ等により商品選択する時間を十分確保した上で、自らの意思で契約申込みを行うものですから、クーリング・オフの適用はありませんので注意が必要です。クーリング・オフでの返品はできませんが、返品特約による返品が可能かどうかを確認する必要があります。特定商取引法では、通信販売に関して返品可能な場合はその特約の内容、返品できないのであればそのことを広告に表示しなければならないとされています[17]。この返品特約があれば、特約にしたがって返品することになります[18]。

なお、ネットオークション、フリマアプリで個人から購入した場合には通信販売にあたらず、このルールの適用はありません。

(3) 電話勧誘販売

> 昨日、知らない事業者から「注文いただきました健康食品が発送可能となりました。本日送ります」と電話がかかって来た。「注文していない。送られては困る」と何度も断ったが、「注文を受けた記録が残っています」と言われ、今日、健康食品が届いたので代金着払いで受け取ってしまった。返金してほしい。

解決策：購入の申込みをしていないのに一方的に商品を送りつけられた場合のネガティブ・オプションと考えられ、代金を支払う義務はなく、商品も受け取る必要はありません。

もし、電話で勧誘をされて断りきれずに購入を承諾した場合は、電話勧誘販売にあたりますので、契約書面を受け取った日から8日間はクーリング・オフができます。なお、事例の場合、そもそも注文しておらず、また、電話で断っているにもかかわらず商品が送られていますので、代金は支払わず、配送業者に「受け取れません」と伝えて、受け取り拒否をすべきです[19]。

(4) 連鎖販売取引

> 「53万円支払って加入すれば、月々8万円の収入が入る」と知人に勧誘され、インターネットゲーム作成組織への加入契約を結んだ。家に書類やコンピュータソフトが届いたが、内容はよくわからないし、2ヵ月経っても3ヵ月経っても月8万円の配当がない。ソフトは開封済みだが使用していないので、解約・返品したい。

解決策：この契約はマルチ商法と思われます。マルチ商法では、さも儲かるように誘われて、入会金や商品代を支払い組織に加入させられます。また「儲かった」という体験者の話ばかりの説明会に誘われる時もあります。しかし、勧誘時の成功話と違って、新会員を獲得できなかったり、売れない商品を抱え込むことも多く、問題ある商法の1つで「ネットワークビジネス」と称している場合もあります。

契約書面か商品を受け取った日から20日間以内ならクーリング・オフできますし、一定の条件のもとで解約することもできます[20]。

17 2022年6月から、インターネット通販の最終確認画面において、①分量（商品の数量、役務の提供回数、定期購入の場合は各回の分量）、②販売価格・対価（複数商品の場合は支払総額、定期購入の場合は2回目以降の代金）、③支払の時期・方法、④引渡・提供時期、⑤申込みの撤回、解除に関すること（返品や解約の連絡方法・連絡先、返品や解約の条件等）、⑥季節商品のように期限のある場合には申込期間、を表示しなければならなくなっています。事業者が、消費者に誤認を与える表示を行った場合、誤認して申込みをした消費者は、取消権を行使できる場合があります。

18 返品の可否・条件を表示していない場合には、商品を受け取った日から8日間は解約・返品することができますが、返品のための送料は消費者負担になります。また、広告の中で「返品不可」等の特約が記載されている場合は、特約が優先され返品できません。

19 このほか、過去に受講した資格講座が終了しておらず、その講座を終了させるために、新たに教材等の購入契約を締結しなければならないと電話勧誘したり、あいまいなやりとりの回答で、契約の申込みをしたとして教材の売買契約書を送り付けてきたりするケースがあります。これは新たな契約の締結の勧誘で、契約しなければならない義務はありません。虚偽を告げられ誤認して契約してしまった場合には取消しができます。
　また、契約を締結しない旨の意思を表示した消費者に対し、同じ電話で引き続き、または再度電話をかけ直して勧誘をすることは、特定商取引法で禁止されています。

20 37ページの表の中途解約が考えられます。

⑸ 特定継続的役務提供

> エステティックサロンに出向き、美顔の 20 回コース、総額 40 万円の契約をした。5 回ほど通ったが、仕事帰りで予約も取りにくいし、思ったほどの効果も感じられないので解約したい。

解決策：エステティックサロンの契約で、契約期間が 1 ヵ月を超え金額が 5 万円を超えるものについては、中途解約制度が設けられています。中途解約の違約金の上限は、既に受けたサービス代金を除いた契約残高の 10% か 2 万円のいずれか低い額であり、これにすでに提供されたサービス代金（事例の場合は 5 回分）を加えた金額が業者への支払額となります[21]。

また、契約直後の場合、契約書面を受け取ってから 8 日間以内であればクーリング・オフが可能です。

⑹ 業務提供誘引販売取引

> 電話で何度も勧誘されその都度断ったが、資格を取れば在宅で仕事ができ、月 5 万円以上の収入がある、内職を提供する会社と契約しており多くの仕事があると説得され、契約した。しかし、送られた資料を見ると、勧誘時に説明のなかった一段と難しい適性試験に受からないと仕事の提供がされないことが分かり、毎月の支払額以上の収入を得るのは難しそうなので解約したい。

解決策：「在宅で資格を取れば、仕事ができる」といって電話で勧誘し、収入を得るにはまず資格取得のためのパソコン教材を購入する必要があると高額な契約を勧める販売方法は内職商法と呼ばれ、特定商取引法の業務提供誘引販売取引として規制されています。収入が得られると勧誘されても、実際には勧誘時に説明された収入を得ることができない、実態は教材の購入契約であったというトラブルが発生しています。

書面交付が義務付けられており、契約書面を受け取ってから 20 日間以内であればクーリング・オフが可能です。

⑺ 訪問購入

> 「金の買い取りをしています」と電話があって、すぐに自宅に業者がやってきた。「売るような金は持っていない。帰ってくれ」と何度も断ったが、事業者に「査定だけでもで良いからさせてほしい」と言われ、家にあげた。金の指輪を査定してもらったところ、「これから金は絶対暴落する。売るなら今しかないですよ」と言われ、不要な指輪であったこともあり、深く考えずに買取りを承諾し代金を受け取った。しかし、知人から他の買取り業者に比べて買い取り価格が安いと言われた。クーリング・オフできないか。

解決策：書面の交付日から 8 日間はクーリング・オフを行うことができます。クーリング・オフできない、といった特約は無効とされます[22]。また、クーリング・オフ期間内であれば契約対象の物品を事業者に引き渡すことを拒絶することができます。なお、不招請勧誘（消費者が要請していない勧誘）は禁止です。

また、古物を買い取る場合は、業者は「古物商許可証」（公安委員会発行）を携帯しなければなりません[23]。話を聞く前にこの許可証の提示を求めましょう。

---

21 中途解約した場合の事業者が消費者に対して請求し得る損害賠償など（違約金）の額の上限は、特商法に定めがあります。

サービスを受ける前なら違約金の上限は 2 万円です。事例の場合、1 回の施術を 2 万円（40 万円÷20 回）とすると、5 回のサービスを受けていますから、40 万円－10 万円＝ 30 万円が残っています。この 30 万円の 10%だと 3 万円ですが、2 万円の方が低いので、2 万円が違約金です。つまり、40 万－10 万－2 万 = 28 万円が返金額となります。

22 クーリング・オフの規定は民事上の強行規定ですので、たとえ、消費者がクーリング・オフしない旨の同意をしていても、それは無効です。

23 盗難品の売買の禁止等の公安上の観点による古物営業法の規定です。

Column 居酒屋のお通しは断れる？

大学3年生になると20歳になる人も多くなり、お酒が飲めるようになります。ゼミやクラブ仲間と居酒屋に行くこともあるでしょう。

居酒屋などで最初に出されてくるお通し。注文した料理が出てくるまでの酒のさかなですが、ほとんどの店で注文もせず出てきます。無料ならかまいませんが、すぐ出せるように作り置きしてある簡単な料理が300〜400円程度の価格で少量提供されることが多くあります。なかには、1,000円を超えるお通しを出す店もあります。お通しはなぜ提供され、また、断ることはできるのでしょうか？

お通しの語源について、「お客様をお通しした」、あるいは「注文を通した」という意味で出したからともいわれ、関西方面では突き出しともいいます。お酒はすぐに提供できるが、料理は時間がかかるので、すぐに出せる1品があったほうがいいという気遣いから誕生したという説もあり、それゆえにひと昔前は無料だったという証言もあります。

チェーン店などが台頭し、居酒屋が大衆化したことの影響で、競争環境は厳しくなっています。客単価が3,000円の店だったら300円のお通しを出せば、その10%を占めるのですから、利益確保の手段にもなっているようです。

お通しは拒否できるのでしょうか。一種の席料と捉えれば拒否できないが、料理の1つと考えれば拒否できるという見解が一般的です。ということは、そのお店が席料を取るような高級店かどうかでも判断が変わるでしょう。不満の多くは一般サラリーマン、大学生が利用するような大衆店での価格に見合わないお通しの強制と思われます。最近ではお通しを出さない店も増えてきました。

「プチぼったくり」も目立ちます。お通し300円、テーブルチャージ300円、週末割増料金10%、さらにサービス料10%加算という、とんでもないお店も、客引きをしているようなお店で一部見られます。また、客引きに「3千円ぽっきり」と言われたが、高額な請求をされたという事例もあります。

お酒のトラブルは契約問題だけではありません。飲みすぎて酩酊したり、一気飲みを強制

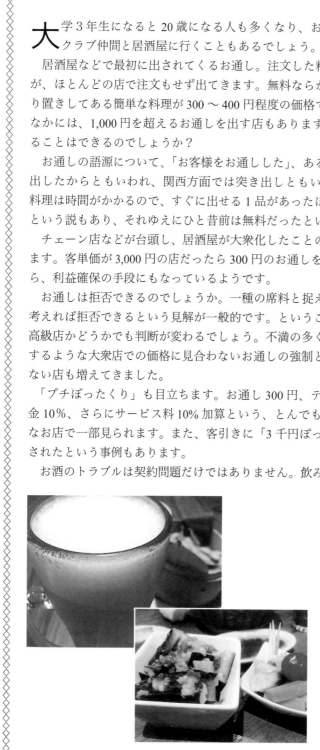

されてアルコール中毒になって大学生が死亡した悲しい事例もあります。楽しく飲むために、お酒との付き合いについて一度考えてみましょう。

なお、民法改正により成人年齢が2022年4月より18歳に引き下げられましたが、飲酒は20歳未満飲酒禁止法により20歳未満は禁止となっており、民法改正には連動せず、そのままです。タバコも同じく20歳未満喫煙禁止法より定められており、引き下げられません。

お金とネット社会のトラブル

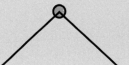

売買は商品やサービスと代金の交換です。代金の支払いは現金に加え、借金やクレジット利用も多くなっています。

現金がなくてもモノが買える気軽さゆえに、つい買い過ぎたり、高額の消費者被害にあう可能性もあります。

またネット社会の進展で取引形態や代金の決済手段も多様化し、トラブルが多発しています。

こうした決済手段とネットをめぐる消費者トラブルについて考えます。

7章

リボ払いは便利？
～借金とクレジット～

1. 私たちの生活と借金

　学生の立場だとまだ借金とは無縁と思っている人は多いでしょう。しかし、現在、大学生のうち学生支援機構の奨学金を借りている人の割合はほぼ3人に1人です。そのすべてが給付型ではなく、返還が必要な貸与型です。

　大学生協の調査によれば、大学学部生のうち、奨学金を受給している人は30.8%で給付型奨学金の受給者は約1割です[1]。貸与型奨学金のみ受けている人は奨学金受給者の約70%、給付型・貸与型併用者まで含めれば約83%を占めています[2]。日本の奨学金の多くはこのように貸与型で、これは単に学生ローンだという指摘があります。大学の4年間に月7万円の奨学金を受け取ると卒業時には336万円の負債をかかえての人生のスタートです。就職後、好きな人ができたらまずは相手が奨学金を受けていたかを聞き、返済中であったら結婚を前提として付き合うのをやめたり、結婚しても子どもはあきらめるなどの話まで聞きます[3]。人手不足を反映してか、従業員の奨学金返済を肩代わりしようという企業まで登場して話題になりました。なお、貸与型の奨学金は卒業後に定職につき、月々返済できることを想定したものですから、就職できなかったり、失業したりすると問題が生じます[4]。

　社会人になれば、住宅ローンを組んで住宅を購入する人も多くなります。2～3千万円の借金は当たりまえでしょう。そのほかに自動車ローン、子どものために学資ローン、レジャーの費用が足りないなどの場合のキャッシング、分割払いでの家電製品の購入、「1円販売！」といううたい文句で購入したスマートフォン[5]……実は現代人にとって借金は欠かせないものになっていますが、その仕組み、金利の意味を理解できていない消費者が多いのが現状です。

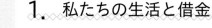

2. 金利の実際の意味を知らない日本人

　50万円を金利18%（年利）[6]で借りたら、いくら返済するか、分かりますか？

　まず、これはどのくらいの期間借りているかによります。1年後に返済すれば、50万円（元本）の18%にあたる9万円が利息ですから、50万円＋9万円で59万円を返すことになります。2年後に返すのであればどうでしょうか。当然、利息は2倍になり、50万円＋18万円で68万円になります。10年後なら利息は90万円になり、50万円＋90万円で140万円返済することになります。要するに同じ金利でも長く借りれば借りるほど利息が増えるのが借金の仕組みであり、これが銀行などの貸金業の利益に

1　全国大学生活協同組合連合会第58回学生生活実態調査（2023年3月1日）。

2　全国大学生活協同組合連合会学生委員会「奨学金と高等教育に関するアンケート」（2021年2月8日）に基づいて算出。

3　大学生の奨学金が社会問題化しています。先の学生生活実態調査でも貸与型受給者の71.6%が返済に不安を感じています。貧困ビジネスだと主張する人もいます。貧困ビジネスとは、貧困層をターゲットにしたビジネスを言います。教育に対する援助としての位置づけである奨学金制度ですが、現状では、利息がつく貸与金の増大や延滞金というペナルティ、日本学生支援機構の回収に対する考え方などが問題視されています。

4　学生支援機構では、返還が難しい場合、奨学金減額返還制度（返還額を減額し、返還期間を延長）・奨学金返還期限猶予制度（一定期間、返還を停止し先送り）を設けています。ただし、返還すべき元金や利息が免除されるものではありません。

5　以前は「実質0円」という、スマートフォンの代金を2年間ほどの分割払いにして、その月払い額を毎月の通信料から割り引くことによって「実質ゼロ円」とする表示が多くみられましたが、通信料金と端末料金を別々にしなければならなくなり、現在は制度上禁止されています。

6　通常、実質年率と表現されます。保証金、その他手数料がかかる場合、それらを含めて年利表示するからです。

なります。ということは、貸主は、借主が長く借りてくれるように仕向けようとするのは当然でしょう。

さて、この例のように何年後かに一括して返済するのはまれで、毎月いくらかを返していくのが通常です（分割払い）。たとえば、毎月1万円ずつ返したら、いつ返し終わり、利息の総額がいくらになるでしょうか。

この計算の仕方が分かる日本人は多くはいません。大学生に問題を出すと、正解できるのは数％です。翌月に1万円を返すのですが、元金（50万円）の返済に1万円が使われるのではありません。この中から利息が支払われ、残りの金額が返済に回るのです。

では利息はいくらでしょうか。年利18％は月利1.5％と同じ意味です。翌月に一部の返済をはじめるのですから、50万円の1ヵ月分の金利、すなわち、50万円×1.5％[7]の7,500円をここで払います。すなわち、1万円の返済額のうち、7,500円が利息ですから、ここで2,500円元金返済することとなり、この時点での元金残高は49万7,500円です。

ではさらに翌月はどうでしょうか。1万円のうちの利息は50万円×1.5％ではなく、49万7,500円×1.5％の7,462円となり、1万円－7,462円＝2,538円が元金返済に使われ、元金残高は49万7,500円－2,538円＝49万4,962円となります。

このように計算して、1年後は、12万円払ったうち、利息が8万7,391円なので元金返済にあてられた金額は3万2,609円だけです。まだ46万7,391円の借金が残っていることになります。

さらに、これが繰り返され、残高が0円になったら借金は終了ですが、いつ終わり、返済総額はいくらでしょうか。50万円の元金に対して利息は43万1,021円、返済期間は7年10ヵ月です。支払総額は93万1,021円になります。下記にこれを示しましたが、見て分かるとおり、毎月1万円返済していると思っていてもその多くが利息になっていることが分かります。よくテレビなどで広告が行われているリボルビング払いとはこの方式が基本です[8]。

7 実際には30日でない場合もありますから、日割り計算し、利息＝利用残高×実質年率÷365×利用日数となります。

8 この支払い方法は元金と利息をあわせて毎月定額支払う「定額リボルビング払い」です。住宅ローンでは「元利均等払い」が同様な返済方法です。このほか、元金を定額としてそれに利息を上乗せする「元金定額リボルビング払い」（住宅ローンでは元金均等払い）もあります。特に知らず知らず長期に借りてしまうのは、この定額リボルビング払いです。本章の5.で後述します。

50万円を年利18％で借りて、毎月1万円返済すると……

	支払額	利息	元金返済額	元金残額
1ヵ月後	10,000円	7,500円	2,500円	497,500円
2ヵ月後	10,000円	7,462円	2,538円	494,962円
3ヵ月後	10,000円	7,424円	2,576円	492,386円
⋮	⋮	⋮	⋮	⋮
1年後合計	12,000円	87,391円	32,609円	467,391円

返済終了：7年10ヵ月後。　　　支払総額　931,021円
　　　　　　　　　　　　　　　元金500,000円　利息431,012円

借金における金利の意味を借金の方法とともに理解しましょう。

3. 借主の種類と金利の制限

　日本では金融機関というと狭義には銀行などの預貯金取扱金融機関のみを指します。銀行と違って預金等を受け入れる業務をしないで、貸金などの与信業務[9]を行う貸金業・クレジット会社、および保険会社や証券会社をノンバンクと言います。ここでは個人向けの貸金を行う事業者を下記にまとめました。

　金融機関は、その性質上、トラブルを招きやすく、公共性が高いことから、この事業を行うものに対しては、行政規制を行っています。しかし、そこでの業務を監督する法律は異なっています。銀行は銀行法（金融庁所管）の規制を受けますが、貸金業法上の貸金業ではありません。

　消費者金融などの個人向け貸金業は貸金業法（金融庁所管）の規制を受けます。クレジット会社（信販会社）[10]はお金を貸すのではなく、立替払い[11]をするのが主業務で、これは経済産業省が所管する割賦販売法の規制を受けますが[12]、キャッシング、すなわち貸金を行う業務については貸金業法の規制を受けます。

<aside>

9　貸金やクレジットカード発行などの信用を供与する業務。

10　信用販売を行う会社を信販会社と言い、そのうち、クレジットカードを発行する会社をクレジット会社と言います。クレジットカードを発行せず、商品の販売の都度、与信を行う業者もあります。

11　消費者に代わって販売会社に立替払いし、あとから消費者に代金を請求すること。

12　2ヵ月を超えない1回払い（いわゆるマンスリークリア）については割賦販売法の適用はありません。

13　協同組合による金融事業に関する法律。

</aside>

	行政（監督）法規	利息の民事法規	利息の刑事法規	備考
銀　行	銀行法	利息制限法	出資法	信用金庫は信用金庫法。信用組合は協同組合法[13]、労働金庫は労働金庫法。
貸金業 （消費者金融）	貸金業法	利息制限法	出資法	
クレジット 会社	立替払い： 割賦販売法 キャッシング： 貸金業法	立替払い： 自主規制 キャッシング： 利息制限法	出資法	
ヤミ金			出資法	犯罪行為

　日本では利息を規制する法律が2つあります。民事法規である利息制限法と刑事法規の出資法です。よくテレビなどで過払い金返還の案内をする弁護士や司法書士の広告を見かけると思います。これは2010年（出資法、貸金業規制法改正）までに存在していた「グレーゾーン金利」で借金していた人たちが払い過ぎの利息の返還請求を貸金業者にすることを促す広告です。下図が金利規制の状況を示したものです。

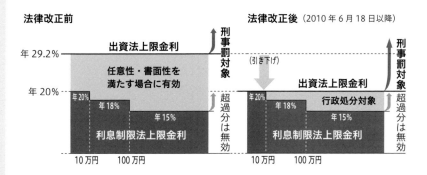

かつて、出資法では年29.2％、利息制限法では借入金額により年20～15％が上限とされていました。出資法は刑事法規で、これより高い金利で貸し付けた者には刑事罰が科されます。利息制限法は民事法規で、これより高い金利は原則、民事契約上無効となります。この2つの法律で定めた金利の差の部分が「グレーゾーン金利」と呼ばれ、多くの貸金業がこの金利で貸し出しをしていました。その金利の矛盾をなくすため、出資法の上限金利が20％に引き下げられました[14]。元金が10万円未満の場合年20％、元金が10万円以上100万円未満の場合18％、元金が100万円以上の場合15％の年利を超える金利は違法となり、契約上この上限金利を超える金利は無効とし、現在でも生じる両法の上限金利の差の部分で貸金をすると貸金業法上の行政処分を科すことで問題を解決しました。

　なお、クレジットで商品やサービスを購入し、分割払いをすると、それは借金ではなく商品の代金を分割払いするということです。そのため、そこで取られる費用は利息ではなく、手数料とされます。そのために利息制限法、出資法の適用を受けませんが、業界団体である日本クレジット協会の自主規制規則で出資法の金利の範囲にする旨の努力規定が設けられています[15]。

　「すぐお金貸します」などというチラシがまかれることがありますが、これらの中にはヤミ金と言われる違法な金利で貸し付ける業者も多くいますので注意が必要です。「トイチ」という言葉があります。「十日で一割の金利」の略です。10日あたり1割（10％）の金利を取られたら年利％になりますか？　365％です。いかに高いかが分かるでしょう。ヤミ金は犯罪行為です[16]。

　そもそも年利20％も高い金利です。2023年4月の都市銀行の普通預金の金利は0.001％程度です。1万円を1年間預けても利息はわずか0.1円です[17]。年利20％で1万円を1年間借りると、2,000円の利息です。その差はなんと20,000倍です。借金における金利は消費者にとってとても重要な情報であることを認識しましょう。

4. 銀行の住宅ローンを考える

　消費者金融やクレジットの手数料・キャッシング金利は利息制限法の定める上限金利の15～20％近くに設定されている場合が多くあります。銀行の住宅ローンの金利は競争の激化もあり、変動金利[18]で実質0.4％程度の銀行が多くあります。なぜ、住宅ローンはこんなに安いのでしょうか。それは銀行の経営戦略的な部分もありますが、住宅用の融資であるために焦げ付きが少ない（貸し倒れリスクが少ない）ことと、返金がされないときの手だてがあるからです。担保です。担保は、契約の履行が難しい場合に、人や財産といった他のものを利用して債務（ここではローンの返済）の履行を確保し、債権（ローンを返してもらう貸手の権利）を保護する制度です。担保には、大きく分けて人的担保と物的担保の2種類があります。

　人的担保とは、債務者に財産がなく、支払いが不可能な場合に、債務者の人間関係を利用して債権を保護するものです。債務者以外の第三者に債務を負わせ、その第三者が債務を履行する仕組みになっています。通常、

[14] 過去には「みなし弁済規定」といって、消費者が利息制限法より高い金利でお金を借りることを承諾すると、利息制限法を超えた金利（グレーゾーン金利）も有効なものとして扱われました。これが最高裁判決平成18年1月13日で厳しく解釈され、その後2010年の出資法、貸金業規制法の改正法（貸金業法に名称変更）施行により存在しなくなりました。

[15] 包括信用購入あっせんに係る自主規制規則11条「会員は、包括クレジット契約の締結時に、所定の支払いがなされた場合の手数料率について、出資の受入れ、預り金及び金利等の取締りに関する法律第5条第2項に規定される割合を超えないよう努めることとする」。

[16] ヤミ金の中にはもっともらしい認可番号等を捏造している場合があります。なお、最高裁判決平成20年6月10日はヤミ金で借金した消費者は元本も返金する必要がないことを判断した画期的判決です。本判決は「金銭消費貸借契約」という用語は使わずに、「著しく高利の貸付けという形をとった反倫理的行為」という表現をとっています。

[17] それに対して自分の預金を時間外にATMで引き出すと110円。他行だと220円取られることに批判の声もあります。

[18] 経済状況に合わせて変動する変動金利に対して、固定金利や期間固定金利があります。金利の上昇局面では固定金利が安心ですが、その分、変動金利より高めに設定されていますので、自分で判断するしかありません。

保証人よりさらに責任の重い、債務者と連帯して債務支払いの義務を負う連帯保証人[19]をつけることが求められます。ただし、現実にはその代わりに保証会社を利用して保証料を支払うことによって人的保証とすることが一般的です[20]。

物的担保とは、物や権利といった特定の財産で、債権を担保することです。債務者または第三者の財産に、直接支配できる権利（物権）を設定しておき、債務者が義務を果たせない場合には、当該財産から優先的に債務を履行します。住宅ローンの場合はその住宅を物的担保にします。しかし、その家を預けてしまうと住めませんので、借主が通常は使用し、債務が履行されない場合には目的不動産を競売にかけ、その代金を優先的に返済にあてる「抵当権」を設定します（民法 369 条〜 398 条の 22）[21]。

すなわち、こうした手だてがあるから住宅ローン金利は安いのです。

5. クレジットの手軽さと危険性

クレジットとは信用という意味です。なぜ、そういう名称なのかと言えば、住宅ローンのように担保を取らずに立替払いやキャッシングに応じるからです。したがって、貸手にとってリスクが高いために、金利（手数料）が高いと言えます。まず、そのことを理解しておきましょう。

クレジット販売の多くは三者契約と言って、販売店と消費者のほかにカード会社との三者間の契約（立替払い契約）です（下図参照）。クレジットには個々の商品の購入ごとに契約を行う個別信用購入あっせん契約（個別クレジット）とあらかじめクレジットカードを発行しておく包括信用購入あっせん契約があります。消費者にあらかじめ信用を与えた証拠としてクレジットカードが発行されているのです。販売店で買った商品の代金をカード会社が立て替えて販売店（カード会社の加盟店）に支払い、カード会社がその後消費者に代金（元本）を請求し、消費者がそれを支払って返済する仕組みです。翌月の一括返済なら手数料はかかりませんが、分割払いにすると手数料（利息）がかかります。すなわち、消費者はカード会社から借金をしているのと同じことになります。

19　通常の保証では、保証人が債権者から請求された場合、「実際にお金を借りた本人に請求・執行してから来てくれ」と言える権利（催告の抗弁・検索の抗弁）があるのに対し、連帯保証人にはこれらの権利がありません。他人の連帯保証人には絶対になるなと言われるのはこのためです。なお、民法改正により個人が保証人になる場合に過大な責任を負わされることがないように個人保証人の保護の規定も設けられました。

20　概ね、融資を行う銀行の関連会社として保証会社があります。住宅ローン金利にはこの保証料を含むもの（0.2％程度）と、融資の際に一括して払うものがあります。比べるときは注意しましょう。

21　予め借金の対価として財産を預かり、お金の返済がない場合にはその財産から返済を受ける物的担保は質権（民法 342 条〜 366 条）が代表的です。

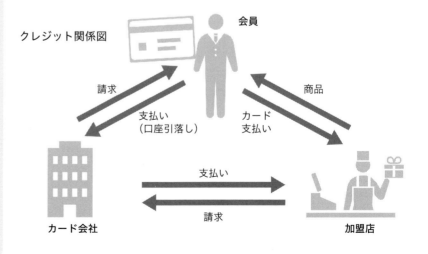

クレジット関係図

会員

請求
支払い（口座引落し）
商品
カード支払い

支払い
請求

カード会社

加盟店

多くのカード会社が分割払いとリボルビング払いを用意しており、最近盛んにリボルビング払いを宣伝しています。

分割払いは、買い物代金を3回、6回、12回など月ごとに分けて支払う方式をいいます。利用ごとに支払い回数を指定できるのが特徴で、手数料は支払い回数・期間に応じて変わります。しかし、新たな買い物をすれば、当然ですが、毎月の支払額が単純に足されて、増えます。

これに対して、リボルビング払いは、利用可能枠内ならいくら買い物をしても月々の支払は一定という方式です。利息（手数料）は常に残高に対してかかります。

リボ払いは毎月の支出が一定なので、家計管理がしやすいことが宣伝されていますが、借金をしている自覚がない場合も多く、危険であるとの指摘も多くあります。長く借りれば借りるほど支払額は膨らむ借金の性質を理解しておきましょう。

割賦販売法による消費者保護の主なルールは以下のとおりです[22]。

取引条件の表示義務	クレジット会社は分割手数料の実質年率などクレジット契約の諸条件を表示する義務があります。
情報提供義務	クレジット会社は個別取引の開始前やカード発行の際には電磁的方法による情報提供義務があります[23]。
クーリング・オフ	8日間または20日間のクーリング・オフが導入されています。
支払い停止の抗弁	販売店と消費者の間に問題（商品が届かない、欠陥品だったなどの債務不履行）が生じた場合は、消費者はその問題を理由としてクレジット会社に対して支払い停止の抗弁（主張）ができることを認めています。
個別クレジットの過量販売解除権	通常必要とされる量を著しく超えた販売があったときには、消費者がそれを理由に契約解除できる権利を認めています。（契約から1年以内の取引に限定）
過剰与信の禁止と適正管理義務	消費者に対して過剰与信をする行為を禁止されています。また、消費者情報の適正な扱いや消費者苦情の適切な処理などの適正管理義務も定められています。

6. 個人情報の収集

クレジットカードを作ったり、借金をすると顧客情報が「信用情報機関」[24]に登録されます。また、一定期間返済が滞ったり、破産したりした場合には延滞情報（軽微・短期の延滞）や事故情報（長期の延滞等）として金融機関の個人信用情報に登録されます。

事故情報が登録されると、金融機関で借り入れ契約を締結することや、クレジットカードを作成することはほぼできなくなりますので注意が必要です。

22 割賦販売法における消費者保護ルールは多岐にわたり、形態によっても異なります。ここでは主なものだけをあげています。クーリング・オフについてはコラム（ivページ）も参照。

23 2021年4月に施行の改正割賦販売法により、「書面交付義務」が「情報提供義務」とされました。これはクレジットカード決済以外の決済方法が増えたことが背景にあります。書面でも行えますが、取引条件の表示・代金決済時の契約においては、電磁的方法で行うことができます。情報提供の方法は、ウェブメール・SMS等の送信など、利用者に積極的に電子データを送り届ける方法とされています。特例としてスマホ・パソコン完結型の決済の場合は完全電子化されています。

また、近年のクレジットカード情報漏洩と不正被害の防止を背景に、安心してクレジットカード決済を利用できるように、加盟店にクレジットカード情報の適切な管理を求める改正（2018年6月）もされています。

24 以下の3機関があります。全国銀行個人信用情報センター（KSC）、株式会社シーアイシー（CIC）、日本信用情報機構（JICC）。3つの情報機関は「CRIN（クリン）」というネットワークでつながっており、一部の情報に関しては共有されます。

8章 格安をうたう スマホのからくり
～ネット社会と消費者～

1. ネット社会の進展とトラブル

　IT（Information Technology）の進展とともに私たちの生活は大きく変わっています。IT とはコンピューターやデータ通信に関する技術の総称[1]ですが、コンピューターやインターネットを中心とするネットワークの活用を意味することが多くあります。パソコン、スマートフォン、インターネットなしに皆さんの生活は考えられないほどでしょう。その有益性、利便性は計り知れないものがありますが、一方で消費者トラブルも多く起きています。この分野の進展は目覚ましく、多くの商品やサービスが提供され、トラブルも多発しており、それに関連する法律も多くあります。ここで大学生が最低限知っておきたい問題を取り上げます[2]。

　電話を掛けたり、メールやラインを行うためにはまず端末を購入して、通信事業者との契約をする必要があります。まず、そこでの契約問題についてふれます。次に、インターネットを通じたモノの購入に関する問題を扱います。これは BtoC（事業者と消費者の取引）と CtoC（個人間取引）に分けられます[3]。最後にネットをめぐるマナーや詐欺的行為などの社会問題を扱います。

2. 通信契約等をめぐるトラブル

⑴ スマートフォン購入

　電話やネットを使いたい場合、まずその端末（スマホや PC）を手に入れる必要があります。そして、通信事業者と通信契約をして、はじめて通信が可能となります。すなわち、お店でスマホの契約をするということは、端末の売買契約と通信契約の双方をすることになります。

　最近のスマホは高度な技術が盛り込まれているため、販売価格は 10 万円を超えるものも多くあります。それでは若者などは購入できませんから、それを分割払いにして、かつ、月払いの金額分を通信料から値引くことによって「実質ゼロ円！」などの広告がされてきました。分割払いにすると、これは売買契約を結んだ販売店が分割払いに応じてくれるのではなく、クレジット会社との分割払い契約を結ぶのが通常です。クレジット会社はあなたに代わって販売店に立替払いをして、その代金を分割して請求してくるのです。

　一般的な毎月のスマホの請求額の内訳を示したのが次の図です。スマホ本体の分割代金＋料金プラン代（通話・データ使用料）＋オプション料金によって毎月の金額が決まりますが、割引やキャンペーンによってそれが差し引かれる場合があります。

　スマホが高額だと分割代金が高額になります。毎月の支払いを安くする

[1]　ICT（Information and Communication Technology）は「情報通信技術」を指し、ほぼ同じ意味合いをもちます。最近では、Chat GPT などの AI（人工知能）も急速に普及しはじめています。

[2]　ここではインターネットを含めた通信サービスに係る契約や、それを利用する上でのトラブルについて扱います。

[3]　Business to Consumer, Consumer to Consumer の略。BtoB は事業者間取引です。それぞれ、B2C、C2C、B2B とも書かれます。

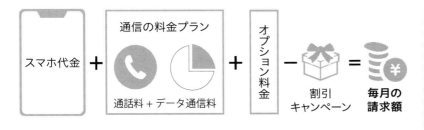

ために支払い回数を増やすと手数料（金利相当で年利15％〜20％程度）が増え
ますし、通信の契約（料金プラン）を解約してもスマホ本体分の支払いだけ
が残ってしまう可能性が出てきます。

　料金プランについても、自分にとって最適な内容か検討しましょう。月
20GB以上のデータ使用料プランを契約している人のうち、実際に20GB
以上のデータ通信を利用している人は10％という調査結果があります[4]。

　オプションについては、故障時の保障プラン、情報コンテンツ系のサー
ビスなどが多種あり、契約時にこうしたオプションを強く勧められたり、
一定期間無料であることを強調されて購入して、無料期間終了後、使用し
ないのに契約したままということもあります。

　割引やキャンペーンも、自宅のインターネットとのセット割引、通信会
社のクレジットカード利用割引、家族割など多様ですので、相応しいもの
か確認しましょう。

　スマホの契約は複雑です。毎月の支払の内訳をよく吟味して契約する必
要があります。

　なおこれらの契約にはクーリング・オフの適用はありませんでしたが、
「初期契約解除制度」[5]ができました。

　原則、契約書面を受け取ってから8日以内なら理由を問わず解約できま
す。クーリング・オフに似ていますが、訪問販売や電話勧誘だけでなく店
頭や通信販売にも適用されます。しかし、解約までの利用料や事務手数料、
工事費はかかるところがクーリング・オフと異なります。問題は、通信
サービスの契約は解約できますが、同時に購入した端末は解約できないこ
とです。

　その負担を解消するため、制度の例外措置として導入されたのが「確認
措置」です。端末も含めて解約できますが、無条件ではなく、電波状況が
悪いか購入時の説明が不十分だった場合に限られます[6]。確認措置の対象
となるのは総務大臣が認定した電気通信サービスで、NTTドコモ、KDDI
(au)、ソフトバンクの大手3社などが認定を受けています[7]。しかし、確
認措置の解約条件に合わない場合には、無条件で解約できる初期契約解除
制度を使うことはできません。

(2)　インターネット取引（BtoC）
①　通信販売トラブル[8]

　インターネットなどの通信販売は、商品を直接手に取って見られません。
商品が届いてからイメージと違っていたので返品したいと言っても、事業
者は返品に応じるとは限りません。特定商取引法で返品条件の表示につい
て定められていますので、申込み前に必ず確認しておきましょう。通販サ

4　消費者庁資料「自分に合った携帯料金プランになっていますか？」（2021年4月6日）。

5　2016年5月21日の「改正電気通信事業法」施行によります。

6　電波状況は利用者が申告し、事業者が確認します。難しいのは説明が不十分だったとして利用者が解約を求めるケースです。言った、言わないの水掛け論になりやすく、「契約書にサインしているのだから説明は十分だったはず」と確認措置に応じない事例もあるようです。困ったときはあきらめず、消費者ホットライン（電話188）に相談してください。

7　楽天モバイルはMNOとしてサービス提供していますが、2023年7月現在、確認措置は認定されておらず、初期契約解除制度によることになります。MNOは「Mobile Network Operator」（移動体通信事業者）の略で、自社で回線網を有するdocomo、au、SoftBank、楽天モバイルなどの事業者。
　MVNOは「Mobile Virtual Network Operator」（仮想移動体通信事業者）の略で、キャリアの回線を借りて格安SIMサービスを提供する事業者。
　格安SIMのMVNO携帯電話サービスや契約期間の縛りがあるデータ通信専用サービスは、初期契約解除制度の適用があります。
　また、中間的なMVNE（Mobile Virtual Network Enabler、仮想移動体サービス提供者）と呼ばれるものもあります。

8　インターネットによるモノの購入は特定商取引法上の「通信販売」に該当します。

主な電気通信サービス		適用制度	通信契約	端末
固定通信サービス	光回線のインターネットサービス	初期契約解除制度	⭕解約可能	❌解約不可
	ケーブルテレビのインターネットサービス			
移動通信サービス	大手3社	確認措置	⭕解約可能	⭕解約可能
	格安SIM（MVNO）	契約期間の縛りや音声通信の有無等による		

＊ MVNOのデータ通信専用サービス（契約期間縛りなし）、固定通信のADSL回線・IP電話などは対象外

	初期契約解除	確認措置
申請期間	契約書受領日またはサービス提供開始日のいずれか遅いほうから8日間	
主な電気通信サービス	移動通信サービス、固定通信サービス全般	移動通信サービスのみ（主に大手3社）
解除条件	理由を問わない	・電波の状況が不十分 ・事業者側の説明が不十分
免除される費用	契約解除料（違約金）	・契約解除料（違約金） ・スマホ等の端末代金 ・工事費等

＊「初期契約解除」は端末機器の売買やそのクレジット契約には解除の効果は及ばないが、「確認措置解除」はこれらの解除も可能。工事費や事務手数料の支払義務もなく、利用者の保護の点では確認措置解除のほうが有利。

9　特商法の規定上、通信販売の場合、クーリング・オフ制度はありません。消費者都合での返品の可否とその条件（返品特約）についての表示があった場合、消費者はこの特約に従うことになります。ただし、申込み画面に「返品不可」などの返品特約の表示がない場合は、返品の際の送料は消費者負担となりますが、商品を受け取った日を含めて8日間以内であれば返品をすることが可能です。

10　インターネットでの海外事業者との取引（商品購入、宿泊予約等）や海外での現地取引（旅行先での商品購入、サービス利用等）のトラブル解決をサポートしています。解決方法のアドバイスや必要に応じて英語翻訳支援等を行っています。複数ヵ国の海外の窓口機関と連携しており、必要に応じて海外機関を通じて相手国事業者に相談内容を伝達するなどして海外事業者に対応を促しています。ネット上の「相談受付フォーム」で受け付けています。

11　大学生など、若者が購入してトラブルとなるものは、起業を目的としたもの、ネットで仕入れて高く売るノウハウ、暗号資産（仮想通貨）売買ノウハウなどがあります。

イトによっては商品が届かない場合、代金の全部または一部を返金する補償制度がありますので、申込み前にサイトの規約をよく読んで、補償制度の有無を確認しましょう9。

なお、販売者の住所や電話番号がないものは要注意です。インターネット通販では販売会社が海外の場合があり、日本語で書かれていても表現がおかしいものは注意が必要です。なお、海外事業者とのトラブルの相談窓口として、国民生活センターに越境消費者センターがあります10。

最近、「競馬・パチンコ・パチスロの必勝法」など、ある目的を達成するためのノウハウをまとめた文書や電子ファイルである「情報商材」の購入トラブルが目立っています11。インターネットのオークションサイトや情報サイト、SNSでPRされ、値段も数千円程度のものから数万円するものまであります。広告内容とかけ離れた期待外れのものや、全く価値のないものを手にすることもありますので十分注意が必要です。また、健康食品が「お試し価格500円」などの広告を見て申し込んだら、定期購入が条件で、初回だけ500円で次回から8,000円と高額だったというようなトラブルが多くあります。

○所在地や連絡先、他の利用者の評価など事業者の情報を自分でしっかりと確認しましょう。
○一般に流通している価格よりも大幅に安く販売されている場合など、購入する商品が模倣品でないか十分に注意しましょう。
○配送方法や配送期間などがどの程度掛かるかを知っておきましょう。
○クレジットカードが利用できず、支払方法が銀行振込のみしか用意されていない場合で、個人名口座の場合は十分に注意しましょう。
○サイズ違いなど購入後にトラブルに遭遇することもあるため、キャンセル・返品条件、利用規約は事前に必ず確認しましょう。
○支払後でも悩まず、速やかに各地の消費生活センター、警察等に相談しましょう。

② オンラインゲームトラブル

　無料のはずが高額請求されたり、子どもが無料だと思って遊んでいて、知らない間に高額課金されるケースもあります。無料と言いながら、クレジットカード登録をさせることがほとんどです。アイテム購入などは有料のため、いつの間にか請求されるケースが目立ちます。無料のものと有料のものをしっかり認識し、有料サービスの利用時には、課金状況を随時確認しましょう。

③ アダルトサイトなどの請求トラブル

　アダルトサイトで「無料」と表示があったので、そのつもりでクリックを繰り返してページをめくっていたら、突然、有料ページに入ったとして料金請求画面が表示されたなどのトラブルが数多くあります。アダルト情報にアクセスするつもりはなく、芸能人の情報を検索していて、いつの間にかアダルトサイトに誘導されてしまう場合もあります。

＊アダルトサイト請求画面の例　あわてて連絡してしまうことを狙っています。

　意図せずに有料ページに入った場合、「退会はこちら」「誤操作の方はこちら」「クーリング・オフ希望の方はこちら」などと、業者にメールや電話をするよう誘導されることがあります[12]。しかし、絶対に業者に連絡してはいけません。言葉巧みに氏名や住所、勤務先などの情報を聞き出され、「支払わないと勤務先に連絡する」などと支払いを強要された例があります。中には、シャッター音を発して利用者の顔を撮影したと思わせる例もあります。実際には、シャッター音がするだけで、写真を撮影されているわけではなく、それで利用者個人が特定されたり、個人情報が知られたり

12　民法では「重大な過失」があったかどうかをめぐって、事業者と消費者間でトラブルに発展する可能性が否定できませんでした。しかし、電子消費者契約法（電子契約法）により、民法の錯誤制度の特例が定められていて、消費者の操作ミスが救済されています。これは、インターネット等で行われる契約において、消費者が誤って契約した場合に、その契約を無効にできる特例です。この特例を適用するためには、事業者が操作ミスを防止するための措置を講じていなければなりません。その措置として、有料となることや入会内容などを表示し、承諾を得ることが挙げられます。なお、2021 年 9 月にデジタル改革関連法が施行され、電子契約化可能な契約書が増えていることも知っておきましょう。

することはありません。

　また、お金を支払ってしまうと取り戻すことは困難です。「法的措置に出てほしくなければ支払え」などと言われても、納得できない場合や契約が成立したかわからない場合などは無視して消費生活センターに相談してください[13]。

④　インターネット決済

　インターネットそれ自体は課金システムを有してないので、決済手段は、銀行振込、プリペイドカード（電子マネー）、クレジットカード等を用いるのが一般的です。一番利用が多いのがクレジットカードでしょう。日本のクレジット会社の場合には加盟店（ネットでの販売会社）の審査があり、ある程度安心できますが、悪質業者のなかには、決済代行会社を通じて、加盟店審査が十分でない海外の信販会社と契約することによりカード決済を可能にしている場合もあり、注意が必要です。

（3）　個人間取引（CtoC）

①　フリマアプリ等

　インターネット上で個人同士が商品や役務を取引できるフリマアプリやフリマサイト等、フリーマーケットサービスの利用が消費者の間で広がるなかでトラブルも増えています。フリマサービスで商品を購入した消費者（購入者）からの「商品が届かない」「壊れた商品・偽物等が届いた」等の相談や、出品した消費者（出品者）からの「商品を送ったのに、商品が届かない等を理由に商品代金が支払われない、商品代金の返金を求められた」等の相談も消費生活センターに寄せられています。その他にも、未成年者が酒類等の年齢確認の必要な商品を購入しているケースや、取引相手にフリマサービスで禁止されている行為を持ちかけられトラブルに巻き込まれているケースもみられます。問題点として、トラブルを当事者間で解決することが困難な場合がある、フリマサービス運営事業者がトラブルに介入せず解決が困難な場合がある、未成年者が年齢確認の必要な商品を購入できるなどがあります。フリマサービスは個人同士の取引であり、トラブル解決は当事者間で図ることが求められている点を理解して利用する必要があります。

②　ネットオークション

　インターネットを利用したオークションも人気です。相談事例としては、代金を支払ったのに商品が届かないといったものや、商品の不具合などが目立ちますが、特に社会的に問題なのがチケットの転売です。コンサートや演劇などのチケットが額面の何倍もの価格で取引されており、お金をだましし取られたといった個人の被害のほかに、チケットや商品を買い占め、転売サイトで何十倍という高価格で取り引きを行っている個人や業者が横行している現状では、本当に欲しい人のもとにチケットや商品が届かないこと、高額の収益が興行主には入らず転売した者の利益になるだけで、文化の振興に悪影響があるだけといった指摘がなされていました[14]。

　こうした状況から、2019年6月14日にチケット不正転売禁止法が施行されました。これは国内で行われる映画、音楽、舞踊等の芸術・芸能やスポーツイベント等のチケットのうち、座席指定等がされたチケット（興行

[13] 「アダルト業者からの請求解決」、「消費生活24時間相談」などとネットで誘引して高額の相談料などを取る業者による二次被害も多くあります。消費生活センター、国民生活センター類似の名称の団体に注意してください。

[14] 2016年8月23日、日本音楽制作者連盟（FMPJ）、日本音楽事業者協会（JAME）や多くのアーティストが、朝日新聞と読売新聞に「私たちは音楽の未来を奪うチケットの高額転売に反対します」との意見広告を出したことで、チケット転売問題が大きな話題になっています。

主の同意のない有償の譲渡を禁止することが明示されたチケット）の不正転売等を禁止する法律です[15]。興行主側も対策を強化しており、転売されたチケットでの入場は拒否される場合があります[16]。チケットが余ったり、行けなくなったりした場合は、興行主が認めている公式のリセールサイト（チケット2次売買サービス）で取引が可能です。

（4）　インターネットをめぐる他の問題

①　サクラサイトトラブル

　サイト業者に雇われた"サクラ"が異性、芸能人、社長、弁護士、占い師などのキャラクターになりすまして、消費者のさまざまな気持ちを利用し、サイトに誘導し、メール交換等の有料サービスを利用させ、その度に支払いを続けさせるサイトのトラブルです。

　出会いを求めるもの、芸能人をサイトで励ましてほしいといった同情心を煽るものや、お金をあげるといって何らかの利益を持ちかけるものなどさまざまなパターンがあります。

（サクラサイトの例）
- 出会い型　　異性との出会い・交遊を誘い文句にするなど
- 同情型　　　精神的に病んだ芸能人をサイトで励ましてほしいなど
- 利益誘引型　　莫大な遺産が手に入りそうなので共同で受け取る、チーム制のネットゲームで大もうけするなど

②　口コミトラブル

　有名人などが、事業者等からその商品・サービスの内容について、宣伝等を目的にSNSなどに書き込むことを依頼されることもあります。また、インフルエンサーという言葉はよく耳にするはずです。事業者が個人に報酬を与えてSNS上で商品などを宣伝させる「インフルエンサー・マーケティング」も拡大しています。広告であることを消費者が認識しない形で広告を行うステルスマーケティング[17]に注意しましょう。商品広告だけでなく、もうけ話なども多くあります。

③　個人情報の漏えい

　SNSは第三者に見られていることを意識しないで自分や友人などの個人情報を入れて、後に問題になることがあります。恋人同士の写真をネットにアップすることもよく行われていますが、デジタル情報は保存、転送も容易であり、永久に誰かのもとに残ることもありますし、拡散することもあります。その時はよくても後で後悔する場合があります[18]。

④　反社会的情報の提供や呼び掛け

　匿名性が確保されることもあり、犯罪の温床になりやすいのがインターネットです。誹謗中傷、デマ、児童ポルノ、売春、爆発物作成情報、自殺の呼びかけなど、様々な社会問題が起きています。被害者にも加害者にもならないように注意が必要です。

[15] 正式名称は「特定興行入場券の不正転売の禁止等による興行入場券の適正な流通の確保に関する法律」です。「高額転売」（特定興行入場券を、定価よりも高い価格で譲渡すること）、「高額転売目的の購入」（特定興行入場券を、高額転売する目的で購入すること）、「高額転売の仲介」（特定興行入場券の高額転売を、譲渡者と譲受者の間で仲介すること）が、禁止されています。これらの行為に違反した場合は、懲役1年以下、罰金100万円以下を科せられる場合があります。
　また、特定興行入場券の発行者や主催者は、これらの行為を防止するために、チケットに氏名や住所などの個人情報を記載することや、チケットの譲渡を制限することなどができます。

[16] 歌手の福山雅治さんが、2023年5月29日に「チケット転売に関して皆様へ大切なお願い」を公式サイトで発表し、転売が疑われるチケットでの入場時に「顔写真付き本人確認書類」の確認をおこなう可能性があること、不正行為が発覚したチケットはすべて無効とし、当日入場を認めないこと、ファンクラブから永久追放すること等の強い姿勢を示して話題となりました。

[17] Stealth Marketing. 消費者に宣伝と気づかれないように宣伝行為をすること。アンダーカバー・マーケティング（Undercover Marketing）とも呼ばれます。

[18] 犯罪容疑者などの個人情報のネットでの公開が社会的制裁として議論になっています。また、いつまで経ってもネット上に情報が残ると（デジタル・タトゥー等といわれます）に対して、「忘れられる権利」（消去の権利）が主張されており、ネット社会の課題として注目されます。

Column 閉店しない閉店セールは違法ではないのか？

何年も閉店セールと称したセール行い、「在庫処分　全品70〜90％オフ」などのような広告をしている店が話題になることがあります。大阪で長年閉店セールをしていたお店が、「今度こそ本当の閉店。長年お世話になりました」と称してセールを行ったことで、ニュースにもなりました。

「だれも本当の閉店とは思っていない」、「セール方法のひとつで、街のにぎわいの類」というような意見もある一方で、旅行者や若者など、そうしたセールが客集めに使われているだけだということを知らない消費者が商品を買ってしまい、だまされたと感じる場合もあります。こうした広告に問題はないのでしょうか。

第4章で説明していますが、不当表示一般を規制する法律は景品表示法です。過剰な景品（おまけ）と不当な表示を禁止する法律で、品質についての不当表示を「優良誤認」、取引条件についての不当表示を「有利誤認」として禁止しており、こうしたセールスは後者の「有利誤認」にあたる可能性があります。しかし、同法を所管する消費者庁は閉店セールを不当表示と判断した例はありません。

違法とされない理由の1つに、閉店セールを違法とする判断基準がないからです。どのくらいの期間なら許されるのかが決まっていませんし、「完全閉店セール」ではなく、「改装閉店セール」もあり、数ヵ月ごとに1〜2日ほど閉店して、店内のレイアウトを変え、また開店をする店もあります。閉店セールと言いながら閉店しないことに苦情を言ったら、店員が「毎晩閉店している」と言ったという話もあります。

問題の本質は「90％オフ」というような割引をうたう表示に根拠があるかということでしょう。こうした割引前の価格（「正価」や「通常価格」）と割引価格を示すような表示は二重価格表示と言われ、割引前の価格に正当な根拠がない場合は違法とされます。正当な根拠とは「最近相当期間にわたって販売されていた価格」です。その判断基準については消費者庁がガイ

ドライン「不当な価格表示についての景品表示法上の考え方」で示しています。

最近では明日から1万円だが、今日だけ5,000円なので「50％オフ」など将来の価格と比べた割引表示も見られます。数字に踊らされないで、その商品の価値自体を見極める姿勢が必要でしょう。

IV もうけ話とサービスのトラブル

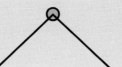

大学生になって、もうけ話の勧誘を受けることも多くなるでしょう。

豊かで快適な暮らしをしたいと思えば、お金がかかることは事実で、そのためにはお金を稼ぎたいと思うのは当たりまえです。しかし、ここには危険なワナがいっぱいあります。

また、契約時にはその内容が分かりにくいサービスの取引が増大しています。男女問わず美容エステなどに関心がある大学生は多いと思いますが、契約トラブルや身体被害も起きています。

これらの問題について考えます。

9章 同級生はセレブらしい…
～もうけ話と消費者～

1. もうける（儲ける）とはどういうことか？

　「金もうけ」という言葉には何か後ろめたいイメージがあります。労働で金銭をかせぐことをあまり金もうけとは言いません。なぜでしょうか？商品やサービスを提供して代金を受け取るといった取引当事者双方の利益を求めての商取引ではなく、投資やギャンブルなどの一方的に利益を求める俗なイメージが強いからでしょう。多くの学生の皆さんは大学卒業後、就職をすると思います。会社勤めです。これは民法が定める契約に関する13の種類の規定のうち、労務を提供するタイプの1つである雇用になります[1]。民法623条は「雇用は、当事者の一方が相手方に対して労働に従事することを約し、相手方がこれに対してその報酬を与えることを約することによって、その効力を生ずる」としています。アルバイトの場合は通常、時給を提示され、雇用主や管理職の指図に従って決められた時間に決められた場所で労働に従事しているはずです。

　そもそも人は何かしらの収入を得る手段を持たないと生きていけません。貨幣経済[2]によってお金で必要なモノを手に入れるのが当たりまえの今日、お金をかせぐ（稼ぐ）ことは必要です。だれでも楽をしてお金をかせげればこんなにうれしいことがありません。そこで「もうけ話」といったものが登場し、魅力を放っているのでしょう。しかし、そもそもそんなに楽に稼げる（金もうけができる）手段があったら、それを他人に知らせるでしょうか？

　インターネットを普段利用しない高齢者が中心ですが、「ロト6などの数字選択式宝くじの当選番号を事前に教えてもらうのと引き換えに、情報料400万円を支払ったが、その後、業者と連絡が取れなくなった」「スマホのSMSに『7億円当選した』という通知が届いた。手続が必要だと言われ、様々な名目の費用を請求され電子マネーで150万円ほど支払ったが、いつまで経っても当選金が振り込まれない」などといったトラブルがあります[3]。宝くじのトラブルで言えば、その抽選は厳正に行われており、抽選を操ることや、抽選結果が事前に分かることはありません。こうした当選番号詐欺では、「当選番号を事前に教えてあげる」などと言って、発表されていない当選番号があたかも事前に分かるかのように思い込ませています。明日、新聞発表の当選番号を事前に得ていると言われ、前日にその番号を知らされて、それを信じた人がだまされています。実は、当選番号は前日にインターネットで掲載されているのです。インターネットに疎い高齢者がだまされています。もし事前に当選番号が分かったら、わざわざ情報を売る努力などせず、自分で買うでしょう。

　まずは、うまいもうけ話などあり得ないということをしっかり認識しましょう。

1　民法が規定する13の契約類型（典型契約）。
● 財産を譲渡するタイプ：贈与、売買、交換
● 貸すタイプ：消費貸借、使用貸借、賃貸借
● 労務を提供するタイプ：雇用、請負（うけおい）、委任
● その他：寄託、組合、終身定期金、和解

2　貨幣を媒介物として商品の交換が行われる経済の仕組み。

3　2014年5月29日付国民生活センター報道発表資料『『当選番号を事前に教えてあげる』はあり得ない！　ロト6などの数字選択式宝くじの当選番号詐欺が急増」、2022年12月20日国民生活センター「見守り新鮮情報　第440号」。

2. アルバイトでないアルバイトに注意！

　いま述べた雇用によって多くの人は生計を立てています。学業の合間にアルバイトをしている人も多いでしょう[4]。アルバイトも正規社員と同様に労働基準法上の「労働者」です。ブラックバイトが問題になっています。「残業代は 15 分単位で支払われることになっており、終業 14 分後にタイムレコーダーを切られ、残業代が出ない」などの話がよくありますが、残業、必要な準備のための早出ともに 1 分単位で賃金を支払わなければなりません。また、アルバイトも 6 ヵ月以上勤務すれば有給休暇（給料がもらえる休暇）を取得する権利があります[5]。

　また、「高収入のアルバイト」のうたい文句でバイク便の仕事などがある場合がありますが、雇用ではなく、請負[6]の形態をとっているものがありますので要注意です。この場合はバイク持ち込み、ガソリン代も自己負担で、代金を受け取って仕事を引き受けるということになり、仕事がなければ収入はゼロであり、事故を起こせば自己責任です。この他、業務委託契約[7]の名の形態もあります。

　民法上の雇用契約であるからこそ、労働関連法の労働者としての保護が受けられることも知っておいてください[8]。

　さらに最近、アルバイトと称した詐欺的な勧誘が多くあります[9]。

● 副業サイトに登録したら、男性とやり取りするだけで収入が得られるというバイトを見つけた。やりとりするために出会い系サイトに何度もポイント料を払ったが、収入が得られない。　⇒単に出会い系サイトで女性に男性の相手をさせ、かつ代金を支払わせる詐欺的なもの。

● 荷物を受け取り、転送すれば荷物 1 つにつき 3,000 円もらえると知人に言われ、本人確認のために身分証を画像で送った。通信事業会社から自分宛てに何回か荷物が届き、指定場所に送付したら、複数の通信事業会社から端末と通信料の請求書が届いた。　⇒振り込め詐欺などに使う電話の購入や利用料支払いを肩代わりさせられたと思われます。

3. マルチ商法等に注意

(1) 連鎖販売取引

　大学生の皆さんは、高額の投資をするような話の勧誘を受けることはあまりないと思いますが、逆に敷居が低い、ちょっとした思い（金額）でできるもうけ話であるマルチ商法[10]には注意して下さい。

　マルチ商法は特商法で連鎖販売取引として規定されています。それを行う者は決してマルチ商法とは言いません。多くがネットワークビジネスという表現を使っています。

　マルチ商法は、ある販売組織の加入者が別の消費者に商品を売って組織に加入させてマージンを受け取り、さらにその消費者が別の消費者に商品を売って組織に加入させてマージンを受け取るというシステムです。

　特商法は、33 条で「連鎖販売業」を次のように規定しています。

4　アルバイトという語は、ドイツ語で「仕事」を意味する名詞のArbeit に由来し、日本ではこの言葉が定着しています。一方、主婦などが仕事をする場合は「パート」と呼ぶことが多いですが、法的には「パートタイム労働法」が定める同じ「パートタイム労働者」です。

5　労働法については、厚生労働省がサイトにアップしている「これってあり？〜まんが知って役立つ労働法 Q&A」に分かりやすく書いてあります。「労働条件相談ほっとライン」もあります。フリーダイヤル0120-811-610

6　民法 632 条「請負は、当事者の一方がある仕事を完成することを約し、相手方がその仕事の結果に対してその報酬を支払うことを約することによって、その効力を生ずる」。

7　その法的性質は、民法に定めはなく、主に、民法の「請負」か「委任」のいずれか、またはこれらの混在したものと言えます。

8　ただし、仕事の実態が雇用とみなされ保護される場合もあります。

9　2023 年には、「高額バイト」「即日即金」などの文言で SNS でバイトを募集して強盗の実行犯にさせる「闇バイト強盗」と称される強盗事件も発生しています。この事件では、60 数人が逮捕されています（2023 年 3 月犯罪対策閣僚会議「SNS で実行犯を募集する手口による強盗や特殊詐欺事案に関する緊急対策プラン」）。同じような募集手口で海外で振り込め詐欺に加担させられた事件も発生しています。決して他人事ではありません。

10　マルチ商法は、ホリデイマジック社という米国のマルチ商法会社が1975 年に日本で活動をはじめたのが始まりです。米国では multi level marketing（MLM）と言われています。

> ① 物品の販売（または役務の提供など）の事業であって
> ② 再販売、受託販売もしくは販売のあっせん（または役務の提供もしくはそのあっせん）をする者を
> ③ 特定利益が得られると誘引し
> ④ 特定負担を伴う取引をするもの

　メールやSNS、大学のサークル仲間などを通じて勧誘する手法が広がっています。商品を販売して得られる利益より、友人・知人を組織に加入させて会員を増やすことによって得られる「リクルートマージン」などが主な収入となりがちです。取扱商品は、健康食品・化粧品が多くなっていますが、アクセサリー、美容機器、布団などのモノに加え、大学生などの若者が受ける勧誘は、インターネット上の権利や会員権など実態がわからないものもあります。代表的なセールストークとしては、「月収100万円も可能、人を紹介するだけでマージンが入る」、「新しいネットワークビジネスで早い者勝ちだ」、「簡単に元がとれる、勝ち組になれる」などといったものがあります[11]。

　利益が出ると信じ、クレジットやサラ金で借入れして商品を購入しても大半は収入にならず、借金だけが残ってしまいます。マルチ商法の特徴はそれを行った者が消費者性と事業者性の双方を持つことです。勧誘された時点では消費者ですが、下位の者を加入した時点で事業者となります。友人知人を勧誘する仕組みのため、消費者としての被害者、事業者としての加害者の双方の立場に立たされることになります。強引な勧誘のため人間関係も壊れるなど問題の多い商法です。主な規制内容は下記のとおりです。

書面交付義務	契約をする前に取引の概要を記入した概要書面を渡し、契約が成立したときは契約書面を交付することが義務付けられています。契約書面は、契約の具体的な内容が記載されており、契約成立後遅滞なく交付することが義務付けられています。連鎖販売取引は複雑で分かりにくいため、書面交付義務が2段階になっています。
クーリング・オフ制度	契約書面を受け取った日（再販売型取引[12]の場合で商品の引渡しの方が後である場合は、引渡しの日）から数えて20日間以内であれば、書面により契約の解除（クーリング・オフ）ができます。また、販売に際しクーリング・オフについて事実と違うことを言ったり、威迫したりしたことによって、消費者が誤認・困惑してクーリング・オフしなかった場合は、20日を過ぎてもクーリング・オフできます。
中途解約・返品ルール	組織の加入契約はいつでも解除できます。また、入会して1年以内に契約解除する場合は商品の契約解除もできます。条件は、商品受領後90日以内のもので、再販売していないもの、使用・消費していないものです。契約解除に伴う違約金の上限は、返品する商品価格の10%以内です。
意思表示の取消し	勧誘に際し業者に事実と違うことを告げられ、その内容が事実であると信じて契約した場合や故意に事実を告げられなかったことによって契約した場合は、契約を取り消すことができます。

[11] 「モノなしマルチ商法」というものもあります。マルチ商法の相談では、健康食品や化粧品などの「商品」に関する相談が多くみられますが、近年、ファンド型投資商品や副業などの「役務」に関する相談が増加しています。こうした「役務」のマルチ商法、いわゆる「モノなしマルチ商法」の相談は、特に20歳代・20歳未満の若者で増加しています。友人やSNSで知り合った人などから、暗号資産（仮想通貨）やアフィリエイトなどのもうけ話を「人に紹介すれば報酬を得られる」と勧誘され契約したものの、事業者の実態やもうけ話の仕組みがよく分からないうえ、事業者に解約や返金を求めても交渉が難しいというケースが多くみられます（2019年7月25日国民生活センター報道発表資料「友だちから誘われても断れますか？若者に広がる「モノなしマルチ商法」に注意！」）。
　後述する「投資・詐欺的投資勧誘」プラス「マルチ商法」ともいえる手法も横行していることも知っておきましょう。

[12] 上位の者から商品を買い受けて他の者に販売すること。

特商法上のマルチ商法（連鎖販売取引）については、氏名等の明示、禁止行為、書面交付、広告の表示、誇大広告の禁止、クーリング・オフ、中途解約・返品ルール、意思表示の取消し、行政処分・罰則等について細かな規制があります。規制対象は、すべての商品、役務（サービス）、権利です。

(2) 犯罪になるねずみ講

また、マルチ商法に似たシステムとして、ねずみ講があります。こちらは「無限連鎖講の防止に関する法律」によって、開設、運営、勧誘の一切が禁止されています。これらを行うと犯罪として処罰されます。マルチ商法との違いは、マルチは商品の流通という経済活動がありますが、ねずみ講は単にお金の動きがあるだけです。

ねずみ講は、先に組織に加入したものが後に加入したものからお金[13]を受け取ることを内容とする配当組織です。その仕組みは主に次のようなものです。

○ 一定金額を組織（講）本部や先輩会員に送金して講に加入する。
○ 講に加入したら最低2名の新規会員を勧誘し、加入させなければならない。
○ 勧誘・加入させた自分の子会員に孫会員を勧誘・加入させる。

この過程を重ねて自分の子孫会員が増えるほど、多くのお金を受け取ることができるといった仕組みになっています。しかし、たとえば1人が2人ずつ勧誘するとしてこの過程を繰り返していくと、27代目には1億人を越えてしまい、結局は破綻することになります。一部の上位会員を除き、大部分は利益を上げるどころか自分が支払った金額を回収することもできず、損失を被ります。

4. 投資・詐欺的投資勧誘

(1) 仮想通貨（暗号資産[14]）をめぐるトラブル

様々な投資がありますが、最近、インターネットを通じて電子的に取引されるビットコインなどの仮想通貨（暗号資産）に関するトラブルが報道されています。国民生活センターが発表した相談事例をみると、「必ず値上がりすると言われて仮想通貨を購入する契約を結び、代金を支払ったが解約できない」などといった電話勧誘や訪問販売によるトラブルが目立っています。また、「仮想通貨を代わりに買ってくれれば高値で買い取ると言われ契約したが、約束どおりに買い取られない」などといった勧誘トラブルも多くみられます[15]。仮想通貨は、資金移動や決済手段として利用されていますが、その種類には様々なものがあり、取引相場の価格変動リスクなどを伴います。

しかし、相談事例では、仮想通貨の取引価格が将来必ず値上がりするかのような事実と異なる説明が行われ、こうした説明をうのみにした消費者が、仮想通貨の価格変動リスクを十分に理解せず契約しているケースが目立っています。次ページの図はトラブルの特徴です。

13 お金に限らず有価証券を含む物品を支払うようなねずみ講も禁止されています。

14 2021年5月から、資金決済法が改正され、「仮想通貨」は「暗号資産」と呼称が変更されました。

15 2016年2月18日付国民生活センター報道発表資料「投資や利殖をうたう仮想通貨の勧誘トラブルが増加―『必ず値上がりする』などの説明をうのみにせず、リスクが理解できなければ契約しないでください―」。

類型	特徴
電話勧誘・訪問販売トラブル	・「必ず値上がりすると言われて仮想通貨を購入する契約を結び、代金を支払ったが解約できない」などといったケースが目立つ。 ・説明をうのみにした消費者が、仮想通貨の価格変動リスクを十分に理解せず契約しているケースが目立つ[16]。
劇場型の勧誘トラブル	・業者から仮想通貨に関するパンフレットが送付される前後に、別の者から電話があり「代わりに買ってくれれば高値で買い取る」などと言われて仮想通貨の購入を勧められるケースが多い。 ・高値で買い取られることを信じて代金を支払ったにも関わらず、約束どおりに買い取ってもらえないといったケースが目立つ。

「仮想通貨投資トラブルの特徴」（国民生活センター発表資料）参照

16 「SNS やマッチングアプリで知り合った相手に勧誘されて暗号資産の取引をしたが高額な費用を請求された」「取引を始めたあと入金したお金や利益が出金できない」「同僚に暗号資産の AI 投資でもうかると誘われお金を手渡したが、返金を求めてもお金が返金されず連絡も取れない」など、SNS やマッチングアプリをきっかけとしたトラブル、友人や知人からのトラブルが目立っています。友人や知人であっても人間関係と投資を切り分けて冷静に判断すること、そして面識のない相手から暗号資産の投資を勧められた際は、まず詐欺的な投資話だと疑うことも大切です（2022 年 8 月 4 日 国民生活センター「SNS やマッチングアプリ、友人・知人からの誘いをきっかけとした暗号資産のトラブル」）。

不安な場合は最寄りの消費生活センター等（ホットライン番号「188」）へ相談しましょう。

仮想通貨（暗号資産）については、2017 年 4 月に施行された改正「資金決済法」で規制が盛り込まれ、2020 年 5 月には利用者の保護を目的とした法改正が施行されています。国内で暗号資産（仮想通貨）と法定通貨との交換サービスを行う者は暗号資産交換業の登録が必要です。暗号資産交換業者は、書面の交付等によって利用者に対して次のような情報を提供することが義務付けられています。

● 暗号資産交換業者の商号・住所・登録番号

● 取引の内容

● 暗号資産交換業者の破綻によるリスク

● 暗号資産の消失など、利用者の判断に影響を及ぼす重要な事由による損失リスク

● 手数料・報酬・費用の金額や上限額または計算方法など

また、利用者財産の分別管理が求められ、暗号資産交換業者は、利用者から預かった金銭・仮想通貨と、事業者自身の金銭・仮想通貨とを明確に区分して管理することが義務付けられています[17]。

17 坂勇一郎「誌上法学講座 知っておきたい資金決済法（第 6 回）─暗号資産(1)」（2021 年 7 月「国民生活」、国民生活センター）。

また、暗号資産交換業者が登録されているかどうかは、金融庁や各財務局の HP で確認することができます。金融庁・財務局での登録の有無など、暗号資産交換業者の情報は必ず確認しましょう。

(2) 劇場型の勧誘トラブル

電話勧誘や訪問販売での説明をうのみにしているケースのほか、劇場型の詐欺的勧誘が仮想通貨（暗号資産）だけでなく、いろいろな投資話で起きています。未公開株を買わないかと電話があり、翌日、他社から「未公開株を探しているのだが持っていたら売ってくれないか、高値で買う」という話があり、信じてしまったというような事例です。

投資の対象は多岐にわたります。投資は、その対象によって、金融投資と物的投資に分けられます。金融投資は、株式、債権などの有価証券への投資です。物的投資にも、不動産、金や銀、太陽光発電設備など様々なものがあります。

投資信託もあります。投資家から集めたお金を 1 つの大きな資金としてまとめ、運用の専門家が株式や債券などに投資・運用する金融商品のことです。その運用成果が投資家それぞれの投資額に応じて分配される仕組みです。

(3) 物的投資（シェアハウス投資事件等）

物的投資で問題になったのは、「かぼちゃの馬車」です。女性専用シェアハウス「かぼちゃの馬車」のオーナーになれば、家賃収入を 30 年間保証するというようなうたい文句で事業を拡大した運営会社「スマートデイズ」が 2018 年 4 月に経営破綻しました。シェアハウスを建てたオーナー

の多くは会社員で、1億円を超えるローンの返済の見通しが立たず、途方に暮れる人が相次いでいる事件です。融資をしていたのはスルガ銀行で、融資基準となる給与所得や預金残高が勝手に水増しされており、不正融資が銀行ぐるみではないかとの批判が起き、金融庁の検査を受けています。

こうした物的投資は学生が勧誘を受けることはほぼありませんが、就職して一定の収入を得るとターゲットにされる可能性が高くなります。

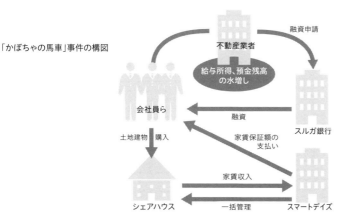

「かぼちゃの馬車」事件の構図

スルガ銀行・スマートデイズ被害弁護団が2018年3月2日に立ち上がり、現在スルガ銀行不正融資被害弁護団が結成されています。

シェアハウス被害について、スルガ銀行・スマートデイズ被害弁護団は、「スルガ銀行の融資がつく確実なサブリース事業[18]への投資だと説明されて、多数の消費者に大金を借入・出資させた。ところが借入手続に不正・購入・建築させられた物件価格は不当に高額、サブリース事業は破綻している。このような巧妙且つ詐欺的手口による被害で残った銀行ローンと不動産の問題を一日でも早く解決し、負担をなくす必要がある」と説明しています。また、スルガ銀行不正融資被害弁護団は、シェアハウス融資だけでなくそれ以外のアパート・マンション融資こそが不正融資の原型であるともしています[19]。

5. 近年の投資詐欺

最後に近年トラブルの多い投資詐欺の投資対象や手口をまとめておきます[20]。

● 未公開株	ある企業の株式について、近々証券取引所に上場（公開）する予定であり、上場すれば高値が付くのは確実、安価な今のうちに買って上場後に高値で売れば差額が儲けになる、といった「未公開株」にかかわるもの。
● 外国通貨	ある開発途上国では様々な開発プロジェクトが進んでおり、近い将来、大きく経済成長する。その国の通貨を安価な今のうちに買っておき、経済成長に応じて値上がりしたところで売れば儲かるといったもの。
● 権　利	風力発電や太陽光発電、HIVやiPS細胞など、その時々に話題となっているキーワードに関連して、発電設備を設置する土地の権利や、新技術に関する知的財産権などへの投資を勧誘するもの。
● 情報商材	「アフィリエイト[21]のノウハウ」、「FXなどの投資関連」、「ギャンブルの必勝法」、「異性にモテるノウハウ」など様々な情報が高額で売られていますが、AIやFintec[22]などの流行のフレーズを使い、内容の乏しいものを高額で購入させられる被害が多くあります。

18　一括借り上げ、家賃保証制度のことです。不動産会社が貸主から賃貸物件を一括で借り上げ、入居者に転貸します。貸主は入居者がいなくても一定の家賃が保証されるとともに、入退去に関する手続きや家賃の集金業務などから開放されるとするものです。一般的に保証される賃料は相場の80%〜90%とされています。

19　スルガ銀行・スマートデイズ被害弁護団HP、スルガ銀行不正融資被害弁護団HP。なお、スルガ銀行不正融資被害者同盟も結成されています。この同盟のHPには、被害総額約5,208億円、不正融資と不正融資の疑惑件数8,433件と記載されています。

20　下記の他にも、出会い系サイトやマッチングアプリなどを通じて知り合った異性からの投資勧誘、ロマンス投資詐欺の被害も急増しています（国民生活センター2022年3月3日「ロマンス投資詐欺が増加しています！―その出会い、仕組まれていませんか？」）。

21　本来の意味は「提携すること」。ウェブサイトの作成者が自分のページで通販会社の商品を紹介し、それを見た人が通販サイトでその商品を購入したら、一定額の謝礼が作成者に支払われるというものです。

22　Financeとtechnologyの造語。

10章 キレイになりたい！の罠
～サービスと消費者～

1　現在の日本において、第三次産業の従業者数は全産業の約72%を占めると言われています。最近では第六次産業という造語も生まれています。第一次・第二次・第三次産業の数をかけ、1×2×3＝6の6を用いた造語です。農林水産物の生産、食品加工、流通・情報サービスの一体化を進める経営形態を指します。

2　勤労世帯の消費支出に占める電話通信料の比率の差です（総務省の家計調査、「令和3年版情報通信白書」）。

1.　サービス化社会と消費者

　経済の発展とともに社会のサービス化が進むと言われています。第一次産業（農林水産業）から第二次産業（工業）へ、そして第三次産業（サービス業）へとその比重が移っています[1]。電話などの通信産業はサービス産業です。皆さんのほとんどが持っているスマートフォン。毎月3,000円〜1万円の通信料を払う人が多いでしょう。月1万円払っている人は年間12万円にもなります。家族全員が持っているのも当たりまえになっています。家計に占める通信費は2002年が3.37%だったものが2020年には4.35%になっています[2]。

　豊かになるほど、通信、旅行、習い事や美容など、サービスにお金を使う傾向にあります。出かけるときも荷物を運ぶのが面倒だからと言って、スキーに電車で行くのに宅配便でスキー板・靴を送ったり、修学旅行での観光に、グループに分かれてタクシーを使ったりと、利便性・快適性を求めるためのサービスの利用は増えていきます。そうしたサービス提供における消費者問題も多発しています。その理由は、利用自体が増大していることもありますが、契約時にはその実際の内容を確認することができないこと、商品の売買と違って、状況によりサービスの質が変化する可能性があることなどがあげられます。スキー初日に約束どおり宅配便で送った荷物が届かなかったら、どうなるでしょうか。飛行機で泊りがけの海外旅行を旅行代理店で契約したとします。飛行機が予定どおり飛ばなかった、ホテルがパンフレットに掲載されていたものとイメージが違っていた、食事がひどかった、添乗員の態度が悪かった、みやげ物屋ばかり連れていかれたなど、契約時の消費者の期待と異なる場合はどうでしょうか。法的な対応が必要なものと、消費者の主観的なものとがありますが、不可抗力の場合も含めて消費者のクレームは起きやすいのが現状です。

2.　約款の重要性と消費者保護の仕組み

　目に見えないサービスの内容を定めるのは契約です。その契約内容はあらかじめ、事業者側が作成して消費者に示し、消費者がそれを承諾した旨、サインして契約が成立するのが通常です。こうした契約書のことを約款と言います。消費者が約款に不満があるからと言って交渉によってその内容を変えて契約を締結することができるのは現代社会においてはむしろ稀でしょう。したがって、自由意思によって合意した者はその契約内容に拘束されるという本来的な市民法の考え方は修正を求められています。それにはいくつかの方法があります。

　その第一は、客観的にみてその約款が消費者にとって不当な内容を含む

場合に、その効力を否定する民事上の法理です。

第二は、約款が一対多数で使われる性質のものであり、不当な契約条項が存在すれば、多数の消費者が被害を被る可能性があることを踏まえ、社会の要請に応じて行政が約款の内容を規制する方法です。

前者については、第5章で説明しました。後者については特にサービスの消費者保護について重要なので、ここで説明していきます。

3. 営業の自由と公共の福祉

日本国憲法22条1項には「何人も、公共の福祉に反しない限り、居住、移転及び職業選択の自由を有する」とあります。職業選択の自由という考えから営業の自由という概念が導き出されています。自分の車で代金をとって人や荷物を運ぶのも、人からお金を集めて貸してほしい人に貸すのも本来は自由のはずです。しかし、まったく自由にそれを行わせると、その仕事を行うのに十分な能力のない者や、倫理的に問題のある者が活動を行って、安全性に問題が生じたり、悪質な行為によって被害が拡大する恐れがあります。そこで、一定の分野でまずはその行為を禁止し、一定の者にだけ許認可等を与えることが多く行われています。これが憲法22条のいう「公共の福祉」への考慮であり、国等が許認可権限を持つことを正当化する根拠です[3]。

許認可行政は、経済的活動の公正の確保や国民の権利の保護、生活上の安全の確保などの目的を掲げて広く行われています[4]。また、特定商取引法が定める訪問販売などのように許認可を伴わない業態でも規制は行われています[5]。

4. 分野ごとの約款の規制

旅行業法、銀行法、保険業法、道路運送法（バス、タクシーなどの旅客運送）、貨物自動車運送事業法など、多くの分野で、監督官庁が業法（ぎょうほう）に基づいてそれぞれの分野のサービス業について許認可権限を持ち、消費者との契約内容を定める約款の規制をしています。必ずしも消費者の利益確保を前面に押し出したものではありませんが、安全で公正な取引が行われるように監督官庁が規制を行っています[6]。サービスの契約内容の適正化の手法として多く活用されているのが標準約款制度です。

「標準貨物自動車運送約款」を例にみてみましょう。これは国土交通大臣が定める標準運送約款で、荷主の正当な利益を保護するため、貨物自動車運送事業者の責任など取引に関する基本的な事項が定められています。貨物自動車運送事業者は、貨物自動車運送事業の許可を受けるために、運送約款を定めて国土交通大臣の認可を受けなければなりませんが（貨物自動車運送事業法10条1項）、国土交通大臣が定めた「標準貨物自動車運送約款」と同一の内容を、自社の運送約款として定めることで、その認可を受けたものとみなされます（貨物自動車運送事業法10条3項）。

すなわち、貨物運送業を営もうとする者は利用者（荷主）との間の契約内容を定めた約款を作成し、その認可を受けないと、事業の許可が出ないこ

3 現実には「公共の福祉」と職業選択の自由の関係について学説は分かれており、規制の正当性をめぐって多くの裁判例があります。

4 「夜警国家から積極国家へ」という表現で現在の国家・行政の役割を説明することもあります。かつては防衛、治安、公衆衛生など最低限の役割が国家に求められ、不当な圧力や介入をしない「何もしない国家が良い国家」とされた時代から、様々な国民のニーズに応えるため積極的に市民生活に介入・世話をする「積極国家が良い国家」とされる時代になったという考えです。「積極国家」は「福祉国家」とも呼ばれます。

5 許認可等の開業に関する規制を業者規制と呼び、それ以外にも、行為規制（例：特商法における販売目的の明示や書面の交付義務）、商品規制（例：有害商品の販売禁止）、価格規制（例：公共料金など）が行われています。

6 実際にはこうした業法は業界の利益擁護に資するものであったり、規制する官庁側と規制される側の固定的な関係の継続により癒着を生み、天下りなどの弊害があることが指摘されてきました。特に銀行規制は「護送船団方式」（一番遅い船にすべてを揃えるという意味から、最も体力のない企業が生き残れるよう、監督官庁がその産業全体を管理・指導しながら収益・競争力を確保すること）として批判されました。そうした状況から、規制緩和こそが消費者の利益に叶うという主張と、消費者を守ってきた規制の緩和は問題であるとする意見が対立してきました。行うべきは規制緩和ではなく、規制改革だという主張もあります。

ととなっていますが、国土交通大臣が定める標準約款を自らが利用する約款とすれば、その内容についてチェックを受けて認可してもらう手続を省略できるということです。そのため、貨物自動車運送事業の許可を受けている事業者の多くは、「標準貨物自動車運送約款」を自社の約款と定めています。

5. 継続的なサービス提供の健全化

　特定商取引法による消費者保護については第6章でふれましたが、ここではそのうち、特定継続的役務提供について述べます。

　「無料そう身エステに行ったら、強引に高額な契約をさせられた」、「必ず学力がつくというので、3年間の塾の受講と教材の購入の契約をしたが、子どもが先生と合わないのでやめたい」、「キャンペーン価格でパソコン教室の契約をしたが、やめたい。解約料が高すぎる」など、長期間にわたるサービス（役務）の提供契約において消費者被害が増大したことを受け、下図の7つの業種を「特定継続的役務提供」として特商法が規制しています[7]。

　エステティックサロンは医師でない者が行う美容サービスで、一定の美容医療は医師が行う医療行為です。

7　市民法の原則を修正して、消費者に権利を付与するものであるため、問題が起きている業種だけを特定して規制しています。一定の美容医療は特商法施行令の改正によって2017年12月1日から追加されたたものです。

業種	期間	金額
エステティックサロン	1ヵ月を超えるもの	契約金のいずれも5万円を超えるもの 入学金、受講料、教材費、関連商品の購入など、契約金の総額が5万円を超えている場合が対象
一定の美容医療*		
語学教室	2ヵ月を超えるもの	
家庭教師		
学習塾		
パソコン教室		
結婚相手紹介サービス		

＊　一定の美容医療：1.脱毛、2.にきび、しみ、そばかす、ほくろ、刺青その他の皮膚に付着しているものの除去又は皮膚の活性化、3.皮膚のしわ又はたるみの症状の軽減、4.脂肪の減少、5.歯牙の漂白

　主な規制内容は下記のとおりです。

書面交付義務	契約をする前に、概要書面（取引の概要を記した書面）、契約後には契約書面を交付することが義務付けられています。
クーリング・オフ制度	契約書面を受け取った日から数えて8日間以内であれば、書面によりクーリング・オフができます。関連商品に関しても同様です。
中途解約	クーリング・オフ期間を過ぎても中途解約ができます。ただし、サービス利用後は、「提供されたサービス相当額」および「法律で定めた上限以内で事業者が定めた額（損害賠償等の額）」を支払うことになります。
誇大広告の禁止	サービスの内容などについて「著しく事実に相違する表示」や、「実際のものより著しく優良であり、もしくは有利であると人を誤認させるような表示」は禁止されています。
意思表示の取消し	勧誘に際して業者に事実と違うことを告げられ、その内容が事実であると信じて契約した場合や、故意に事実を告げられなかったために契約をした場合は、契約を取り消すことができます。

クーリング・オフの対象になる関連商品とは、サービス提供に際し消費者が購入する必要があるとして、事業者が販売する商品です。サービスによって政令で商品が下記のとおり指定されています。

特定継続的役務	関連商品
エステティックサロン	健康食品、化粧品・石けんおよび浴用剤、下着類、美顔器・脱毛器
一定の美容医療	健康食品、化粧品、マウスピース（歯の漂白の為に用いられるもの）および歯の漂白剤、医薬品および医薬部外品（美容を目的とするもの）
語学教室	書籍（教材を含む）、カセットテープ・CD・CD-ROM・DVD 等、ファクシミリ機器、テレビ電話
家庭教師	
学習塾	
パソコン教室	電子計算機およびワードプロセッサー並びにこれらの部品および付属品、書籍、カセット・テープ、CD、CD-ROM、DVD 等
結婚相手紹介サービス	真珠並びに貴石および半貴石、指輪その他の装身具

6. 美容医療を中心とした自由診療トラブル

特商法の継続的役務提供の要件に該当しない美容医療トラブルも数多くあり、十分な注意が必要です[8]。皆さんは医者に診てもらうときに健康保険証を持参すると思いますが、その意味を「医者に診てもらう際に必要」とだけ思っている人もいます。日本には皆保険制度があります。すべての国民をなんらかの公的医療保険に加入させる制度です[9]。この保険証を提示すると 6 歳から 70 歳未満の人は、所得に関係なく、費用の 3 割負担で医療が受けられますが、この制度を受けられるのは以下の要件にあう場合です。

● 治療を必要とする病気やけがであること
● 保険医療機関・医師の受診であること
● 国が保険診療として認めた治療法であること

鼻を高くしたい、目を二重にしたいなどは、病気やけがの治療ではないので、「保険診療」は受けられません。これらは、「自由診療」となり、100％自己負担となります。それゆえに美容外科の医療機関・医師は厚生労働大臣の指定を受けた「保険医療機関」、「保険医」ではないことが多くあります。また保険診療を受ける場合の治療法は決まっており、それ以外の治療を行うと自由診療になります[10]。そして、保険のきかない美容医療等の自由診療は料金についての定めはなく、医師側が自由に決められるものです。

美容医療は病気の治療と異なり、本人がなりたい姿を実現するための施術であることから、医師による十分な説明のもと、本人が納得して施術に同意することがより重要になります。しかし、施術内容や費用、リスクについて、十分な説明がなく納得しないまま即日契約・即日施術をさせられてしまうケースが少なくありません。自由診療が中心である美容医療では、施術費用は個々のクリニックで自由に設定できるために、「注射を数本打たれ 1,000 万円前後の請求を受けた」といった事例も複数あります。料金

8　全国の消費生活センターに寄せられる美容医療サービスに関する相談は、2019 年度に 2,036 件など、これまで 2,000 件程度で推移してきましたが、2020 年度に 2,209 件、2021 年度に 2,766 件と急増しています（2023 年 1 月 19 日政府広報オンライン「美容医療サービスの消費者トラブルサービスを受ける前に確認したいポイント」）。

　脱毛エステについての相談も多く寄せられています。契約当事者の年代は 10 ～ 20 歳代の割合が高く、性別では女性が多いものの、2020 年度からは男性からの相談も増加しています。「お試し施術」「月額〇〇〇円！」など低価格の広告をうのみにせず、契約は慎重に行うことが大切です。契約をしたあとでもクーリング・オフできる場合もあります（2022 年 7 月 21 日国民生活センター「男性も増加！脱毛エステのトラブル」）。

9　医療保険には、職域保険と言われる政府管掌健康保険（おもに中小企業）、組合管掌健康保険（おもに大企業）、船員保険、国家公務員共済組合、地方公務員共済組合、私立学校職員共済組合と、地域保険と言われる自営業者等が加入する国民健康保険があります。大学生の多くは保護者の扶養家族としていずれかの保険証を持っています。

10　たとえば、歯科で歯を削った部分の被せ物（冠／クラウン）をする場合、保険診療では白い素材を使用できるのは、上下の前歯 4 本ずつだけです。奥歯には金属の被せものしか利用できません。

が明確な基準に基づいて請求されているのか不明である事例や、施術費用を明確にしないまま施術をされた後で高額請求された事例等、費用に関するトラブルが目立ちます。

　さらに、「シミ取りレーザーを受けたらヤケドのようになった。痛いので数回通院したが適切な処置がされない」、「ヒアルロン酸注入の施術を受けたら目の下にひどい内出血がでた」といったむしろ健康を悪化させるような事例まで多数あります。医療を金儲けの手段としか思っていない悪質な医師もいますので十分な注意が必要です[11]。美容医療は不要不急（重要でも急ぎでもないこと）であることが多いので、即日治療はぜったいに避け、いくつかの医院を回るなどして冷静に判断しましょう。

　なお、医療行為とそうでないものの線引きがあいまいな場合があります。外科手術などによって人体を切開したり、人体の一部を切除する行為や薬剤の投与によって生体内になんらかの変化をもたらす行為などは侵襲行為と呼ばれ、このような行為は医師法により医師でなければ行ってはならないものです。したがって、永久脱毛は毛根を破壊することにより可能になる侵襲行為であり、医師しかできないことになっていますが、危険を伴う脱毛が医師ではないエステで行われていることが指摘されています。日本では古来より医師ではない刺青師が刺青を行っていました。タトゥー施術に医師免許が必要かどうかが争われた医師法違反事件で、大阪地裁は2017年にタトゥーの彫師に有罪の判決を下しましたが、最高裁判所はタトゥー施術に医師免許は不要と判断し、無罪を言い渡しています[12]。

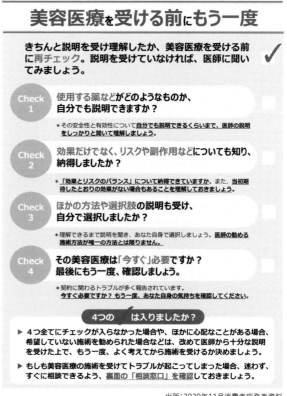

出所：2020年11月消費者庁発表資料

7. 安いものには訳がある

定職についていない学生の多くは収入が少ないのが普通です。皆さんのなかにも奨学金をもらいながら、アルバイトもして大学に苦労して通っている人もいるでしょう。

少ない収入で生活していこうと思えば、支出を抑えようとするのは当たりまえで、なるべく安いものを探して購入することは消費者の知恵でもあります。しかし、なぜ安いのかを考えることも必要です。

2016年1月15日に痛ましいバス事故がありました。長野県軽井沢町の国道18号碓氷バイパスの峠付近で、定員45人の大型観光バスがガードレールをなぎ倒して道路脇に転落した軽井沢スキーバス転落事故です。バスの乗客は39人で、うち32人が首都圏の大学生でした。乗員・乗客41人中15人（乗客13名）が死亡しましたが、亡くなった乗客は全員大学生でした。バスは前日夜に東京を出発し、斑尾高原のスキー場に向かっていましたが、週末に大学入試センター試験が行われる関係で大学の授業が休講となる時期にあたり、乗客の多くが大学生でした。

夜行のスキーバスは格安であることと、宿泊費も浮くので学生に人気がありますが、こうした事故にあう確率も高くなります。このバスの乗客は、バス旅行を企画した「キースツアー」（旅行業者）のスキー客（一部他社の客）で、同社から「トラベルスタンドジャパン」（旅行会社）がバス手配を依頼され、バス運行会社の「イーエスピー」が引き受けて運行していたものでした。事故後の調査では、「イーエスピー」は国が定めるこのツアー区間の基準運賃の下限（約27万円）を下回る金額（約19万円）でバスツアーを引き受けていたことが明らかになっています。

もちろん、安いからといって安全が確保されなくてよいわけではありません。しかし、実際には価格が安いことによって安全にかかわる部分にしわ寄せがきて重大な事故につながる可能性があることを消費者も知る必要があるでしょう。

今回の事故では、死亡した乗客13人中12人がシートベルト非装着だったことが明らかになっています。装着していたのに命を落とした人もいることから、シートベルトは完璧とは言えないですが、万が一のときに命綱になることは間違いありません。自らが身を守る心がけも必要です。

また、表示上安く見せる仕掛けがある場合もありますので、注意が必要です。

たとえば、LCC（格安航空会社）の運賃表示。「東京―福岡5900円！」などの格安表示が目に付きますが、大手航空会社では無料のサービス（受託手荷物、座席指定など）が有料だったり、会社によっては支払手数料[13]なるものまで別料金で取る会社もあります。また、チェックイン時間に厳しく、乗り遅れて結局チケットを買い直し、高くついたというような事例もありますし、運行スケジュールがタイトなため、遅延が発生しやすいなどもあります。金額とサービス内容のバランス、リスクなどを勘案して判断しましょう。

[13] 1人ごと、利用区間ごとに540円など。事業者が代金を受け取るのは当たり前ですが、そのため（決済）に費用がかかるからというのが理由です。4人で往復する場合、支払手続は1回でも8倍になります。

産業動物あるいは経済動物という概念があります。その飼育が経済行為として行われる動物の総称です。これに対する概念は愛玩動物（ペット）です。しかし、犬や猫などのペットもペットショップで売ることを目的として繁殖・飼育されている段階では産業動物と言えます。産業動物の多くは家畜（食肉や毛皮用）です。

人間＝食物連鎖の頂点と言われますが、人間は一方的に動物に対して「いのち」の略奪を続けており、世界中で人間の利益のために奪われている「いのち」の数は年間 600 億だそうです。

家畜は人間の利益のために繁殖させられ、人間の利益が最大になるように飼育・屠殺され、商品となります。動物を殺して利用するのは、人間が生きるためには当然という主張が一般的ですが、現在の効率最優先の工場畜産は動物の生き物としての尊厳を軽視し、単なる利益を生み出すモノとしてしか扱わない傾向があります。

そうした中、アニマルウェルフェア（Animal welfare）という考えが登場し、動物福祉あるいは家畜福祉と訳されています。多くの動物は人間の利益のために動物本来の特性や行動、寿命などが大きく制限されていることが多くあります。アニマルウェルフェアは飼育現場で動物の感じる苦痛の回避・除去などに極力配慮しようとする考えです。

家畜については 1992 年にイギリスの畜産動物ウェルフェア専門委員会が提案した「5 つの自由」が国際的に認知されています。

＊飢えおよび渇きからの自由（給餌・給水の確保）

＊不快からの自由（適切な飼育環境の供給）

＊苦痛、損傷、疾病からの自由（予防・診断・治療の適用）

＊正常な行動発現の自由（適切な空間、刺激、仲間の存在）

＊恐怖および苦悩からの自由（適切な取扱い）

日本では 6 つの畜種別（乳用牛、肉用牛、豚、採卵鶏、ブロイラー、馬）に科学的知見を踏まえ、「アニマルウエルフェアの考え方に対応した飼養管理指針」が策定されています。しかし、あくまでガイドラインであり、法的な強制力はなく、浸透しているとは言えない状況です。

アンゴラウール（アンゴラうさぎの毛）の採取問題
（写真提供：PETA Asia）
CBS により中国での残酷な採取方法が報道され、複数のアパレルメーカーが取扱いを中止しました。

日本では動物愛護管理法があります。動物の虐待等の防止について定めた法律です。本来家畜も本法の対象ですが、家畜に関する個別規定がなく、「愛護」の文言があることから理解が進んでいません。本法は動物を殺してはいけないとは書いていません。むやみに殺すことを禁止しています。動物愛護センターでの殺処分、家畜の屠殺が許されるのはこのためです。

人間と動物の関係は難しいものがありますが、食卓に並ぶお肉や成人式で着る毛皮衣料が「いのち」であったときのことをもう少し考えてみませんか？

V # 商品の**安**全にかかわる
トラブル

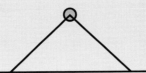

消費生活でもっとも重要なことは安全であることです。購入する商品やサービスが安全であることは最低条件です。

しかしながら、ときとして欠陥商品や事故などによって消費者の安全が脅かされています。特に食品は直接消費者が口にするものですので、被害が起きやすく、甚大な健康問題になることがあります。

消費者の安全・安心を確保するための制度や被害救済のあり方について考えます。

11.章 テレビが火をふいた！
～安全と消費者～

1. 見えないところで制度はたくさんある

消費者の権利のうち、安全である権利はとくに重要です。消費者の財産的損害は回復が可能ですが、消費者が危険な商品で命を落としてしまったら、回復は金銭的な賠償しかありません。ここでは、食品の安全（第12章）以外の問題について述べます[1]。

消費者の安全という枠を超え、人々の生活の安全を確保するための制度を考えた場合には、それは至る所で存在していると言えます。たとえば、皆さんが学んでいる大学の教室。安全な建物でなければ、安心して学ぶことはできません。建築基準法により安全性が確保されています。耐震性、耐火性、対候性（対雨風など）など、様々な構造安全性基準があります。自動車はどうでしょうか。道路運送車両法に基づく道路運送車両基準が車両の安全基準を定めています。航空機、鉄道、バス、家電製品など、身の回りの乗り物から商品まで、「消費者の安全」という括りではありませんが、安全確保のための基準は無数にあります。運送などのサービスに関して言えば、モノだけでなく、それを操作する人の技能も必要です。構造物としての自動車は安全でも、人が危険な運転をしたら意味がありません。道路交通法が交通方法や運転免許制度を定めています。パイロット、電車の運転手、医者、看護師など専門家の資格制度もたくさんあります[2]。また、公衆衛生という概念で、環境衛生[3]や対人衛生[4]対策が戦前から行われており、活動組織としては地域の保健所が知られています。

それでも事故は起きることがありますし、従来なかった商品やサービスで事故が起きることがあります。ここでは消費者の安全に直結した法律や制度についてみていきましょう。

消費者の安全確保の方策を考えた場合、これらのように行政規制を活用した未然防止のための社会的制度（モノの安全基準や資格制度）のほか、事故情報の収集・分析・防止行動を迅速に行えるシステム構築と、被害が起きてしまったときの民事上の救済制度が考えられます。

2. 消費者事故情報の収集・公表など

消費者庁が、消費者安全法に基づき、関係機関から事故情報を一元的に集約し、その分析・原因究明等を行い、被害の発生・拡大防止を図っています。

死亡事故のような重大な消費者事故が発生した場合、被害の拡大や同種・類似の被害の発生を防止することが必要です。このため、消費者安全法では、重大事故等が発生したとの情報を得た場合、関係行政機関、地方公共団体等は、それを直ちに消費者庁に通知することとされています。ま

[1] 消費者の安全という場合、悪徳商法対策など社会的安全を含む場合がありますが、ここでは商品危害やサービスの事故など物理的な安全を指しています。

[2] 憲法は職業選択の自由を保障していますが、安全の確保のためにまずは特定の職種を原則禁止にした上で、特定の者だけに認める資格制度もたくさんあります。たとえば、医師法には「医師でなければ、医業をなしてはならない」という規定があり、医師の資格制度を定めています。自由の制限を正当化する根拠は、「無制限な職業活動による公共の安全への危険」であると考えられます。

[3] 上下水道、汚物処理、食品薬物等の取締り、住宅衛生、公害対策、都市計画等。

[4] 伝染病予防、成人病予防、母子衛生、精神衛生、栄養改善、一般体力の増進等。

た、重大事故等以外の消費者事故等が発生したとの情報を得た場合であって、被害が拡大し、同種・類似の消費者事故等が発生するおそれがあると認めるときにも消費者庁に通知することとされています。

さらに、消費生活用製品安全法では、消費生活用製品[5]の使用に伴い生じた事故（消費生活用製品の欠陥によって生じたものでないことが明らかな事故以外のもの）のうち重大なものについて、事業者は消費者庁に報告することとされています。

消費者庁における事故情報の一元的な収集

このほかにも、医療機関を受診した患者から事故情報を収集する「医療機関ネットワーク」事業や「医師からの事故情報受付窓口」（通称：ドクターメール箱）による情報、生命・身体に関する事故のデータ収集・提供システムである「事故情報データバンク」の参画機関から寄せられた情報、PIO-NET[6]に収集された消費生活相談情報等の事故情報が集約され、これらの情報を活用した消費者の安全対策が行われています。

消費者の安全対策に重要な消費者安全法と消費生活用製品安全法の概要は下記のとおりです。

● 消費者安全法

消費者庁の設置に伴い、消費者の生活における安全を確保するために制定され、2009年に施行。消費者事故の発生を防止するため、国や地方公共団体の責務、首相による基本方針の策定、消費生活センターの設置、消費者事故に関する情報の集約・注意喚起等について規定しています。

2012年に本法に基づき、消費者安全調査委員会（消費者事故調）が設立されました。国土交通省の運輸安全委員会が扱う運輸事故を除く消費者事故を対象として、各分野の専門家が原因を調べ、再発防止策を提言します。立入り調査や資料保全などの権限もあります[7]。

5 「主として一般消費者の生活の用に供される製品（別表に掲げるものを除く。）」（同法2条）と定義されています。市場で一般消費者に販売されている製品はほぼすべて対象製品となります。同法の別表で掲げているもの（除外品）は他の法律で定めがある船舶、道路運送車両、劇物、ガス容器、猟銃、医薬品などです。

6 PIO-NET（パイオネット。全国消費生活情報ネットワークシステム）。Practical Living Information Online Network System の略。国民生活センターと全国の消費生活センターをネットワークで結び、消費者から消費生活センターに寄せられる消費生活に関する苦情相談情報（消費生活相談情報）の収集を行っているシステムです。

7 発足時から2022年8月までにエスカレーター事故、ガス湯沸かし器事故、エレベーター事故、機械式立体駐車場事故など23件の事案を選定して事故原因調査等を行い、19件について調査報告書を出しています。「消費者安全調査委員会設立10年の活動報告書」（2022年9月）

● 消費生活用製品安全法

　日常生活に用いられる製品の安全性を高め、これら製品による一般消費者の生命、身体に対する危害の発生を防止するための法律（1974年施行、以降改正あり）。

　主な内容は以下の3つです。

○ 消費生活用製品の安全規則（PSCマーク制度）

　消費者の生命・身体に対して特に危害を及ぼすおそれが多い製品について、国の定めた技術上の基準に適合した旨のPSCマークがないと販売できません[8]。マークのない製品が市中に出回った時は、国は製造事業者等に回収等の措置を命ずることができます。これらの規制対象品目は、自己確認が義務付けられている特定製品とその中でさらに第三者機関の検査が義務付けられている特別特定製品があります[9]。

○ 製品事故情報報告・公表制度

　消費生活用製品により、死亡事故、重傷病事故、後遺障害事故、一酸化炭素中毒事故や火災等の重大製品事故が発生した場合、事故製品の製造・輸入事業者は、国に対して事故発生を知った日から10日以内に国に報告しなければなりません。国は重大な危害の発生および拡大を防止するため必要があると認められるときは、製品の名称および型式、事故の内容等を迅速に公表します。

○ 長期使用製品安全点検・表示制度

　製品の経年劣化による事故を未然に防止するための制度。安全点検制度と表示制度からなります。

　安全点検制度は、製品を購入した所有者に対して、メーカーや輸入業者から点検時期を知らせ、点検を受けることで事故を防止するための制度。対象となるのは、所有者自身による保守が難しい設置型の製品で、経年劣化によって火災や死亡事故などの重大事故を起こすおそれがある製品（特定保守製品）[10]。

　表示制度は、経年劣化による重大事故の発生率は高くはないものの、事故件数が多い製品で、日常的な手入れと観察により、所有者が事故の兆候を見つけることができる製品が対象[11]。対象製品には、設計上の標準使用期間と経年劣化についての注意喚起等が表示されています。

PSCマーク制度

	特定製品	
	特別特定製品	特別特定製品以外
マーク	◇PSC	○PSC
対象製品	・乳幼児用ベッド ・携帯用レーザー応用装置 ・浴槽用温水循環器 ・ライター	・家庭用圧力鍋および圧力釜 ・乗車用ヘルメット ・登山用ロープ ・石油給湯器 ・石油風呂釜 ・石油ストーブ
技術基準の適合性	第三者機関の検査義務付け	自己確認義務付け

3.　消費者被害救済の民法の法理〜製造物責任法(PL法)制定の背景

　製品事故を考えてみましょう。消費者が購入した製品の欠陥により消費者がケガをしたら、どのような救済方法が考えられるでしょうか。

　日本で1995年7月に製造物責任法（PL法）[12]が施行されるまで、製品事

故の被害救済を求める法的根拠は、民法415条による販売者に対する債務不履行責任追及と、民法709条による製造者に対する不法行為責任の追及が一般的でした。

　債務不履行責任は契約関係の存在を前提とするものです。生産と消費が分離した現代消費社会において消費者が製造者から直接製品を購入することは稀です。

　たとえば、皆さんが家電製品を購入する場合、メーカーから直接購入することもあるでしょうが、街中の量販店や通販サイトで購入することが通常でしょう。この場合、債務不履行責任をメーカーに追及することはできません。民法415条は契約が合意どおりに履行されなかった場合における債務者の賠償責任として、債務不履行責任を規定しています。明示的な合意はなくても安全な製品の提供が販売者側の義務（債務）であることは明らかですから、その製品によって事故が発生し、損害が生じたのであれば、売主は債務不履行を負うことになります。このような債務不履行を不完全履行と呼び、民法415条1項本文の定める「債務者がその債務の本旨に従った履行をしないとき」として、製品の売主は損害賠償義務を負うことになります。しかし、製品事故による損害賠償責任は、本来、事故原因となった製品の製造業者が負うべきものであり、販売業者は二次的な責任主体であると言えます。

　また、販売者は街中の電気屋さんという場合もあり、そもそも高度化した商品の欠陥責任を販売者に負わせることに対する社会的妥当性も疑問です。

　一方、民法上の不法行為では、直接の契約関係にないメーカーの賠償責任を追及できます。民法709条は、人の行為によって生じた損害について加害行為者の賠償責任を定めるものです。したがって、交通事故などのように契約関係のない者による加害行為に対して責任を追及できるので、広く使われています。民法709条は、その賠償責任の成立要件として、①加害行為について行為者に故意または過失が存在すること、②損害が発生したこと ③加害行為と損害発生との間に因果関係が存在することについて、被害者がこれらの事実を主張立証しなければならないものとされています。民法上の不法行為責任における「過失」とは、「加害者が損害の発生を回避すべき注意義務を有しているにもかかわらず、その結果回避義務を怠ったことによって損害を発生させてしまったこと」を意味しています[13]。したがって、裁判になれば、原告である被害者が結果発生の予見可能性および結果回避可能性を主張・立証しなければならないことになります。しかし、製品事故において、その製品の製造過程に関する情報や証拠を原告が有するはずもなく、製品についての知識や知見に関しても、専門家である製造業者に比べて格段に乏しいのが通常です。このような状況の中で、製品事故における民法上の不法行為責任を消費者が追及するのには困難が伴います。

　そこで損害賠償責任の成立要件の1つである「故意または過失が存在すること」を不要とする法理が求められ、製造物責任法（PL法）が制定され、1995年7月1日から施行されました[14]。

13　東京地裁判決昭和53年8月3日。この考えがもっとも一般的とされています。

14　この背景には、1960年代の米国における厳格責任（strict liability）の確立と1985年7月の無過失製造責任に関するEC指令の採択といった動きがありました。日本だけ過失責任主義をとることは国際社会での製品取引条件の不均衡という側面もあり、制定機運が高まりました。

4. 製造物責任法（PL法）による製品被害救済

　こうした経緯から、製造物責任法は、民法709条「不法行為」の定める過失責任原則を修正する特別法として立法されたもので、過失を要件としない「欠陥責任」（過失を問わず、欠陥があれば責任を負う）に基づく製造物責任を定めています[15]。

　製造物責任が認められる要件は、以下のとおりです（同法3条）。

> ① 賠償義務者が「製造業者等」であること、
> ② 「製造物」によって損害が生じたこと、
> ③ 製造業者等が製造物を「引き渡した」こと、
> ④ 製造物に「欠陥」が存在したこと、
> ⑤ 「損害」が発生したこと、
> ⑥ 欠陥と損害発生との間に「因果関係」が存在すること

　過失の立証は不要ですが、問題はこれらの立証です。①賠償義務者が「製造業者等」であること、②「製造物」によって損害が生じたこと、④製造物に「欠陥」が存在したこと、⑤「損害」が発生したこと、⑥欠陥と損害発生との間に「因果関係」が存在すること、については原告である被害者がその立証責任を負うものとされています。③「製造業者等が製造物を『引き渡した』こと」という要件については、原告あるいは被告のいずれにその立証責任を負わせるべきか見解が分かれています[16]。

　損害が大きいほど、消費者の立証責任が加重になることもあります。たとえば、A社のDVDプレーヤーの上に、B社のテレビがあり、そのあたりから出火し、家を全焼してしまったというような場合に、消費者が、発火元がA社のDVDプレーヤーなのか、B社のテレビなのかを立証するのが困難な場合があります。

　PL法は3条「製造物責任」で以下のように述べています。

> 　製造業者等は、その製造、加工、輸入又は前条第3項第2号若しくは第3号の氏名等の表示をした製造物であって、その引き渡したものの欠陥により他人の生命、身体又は財産を侵害したときは、これによって生じた損害を賠償する責めに任ずる。ただし、その損害が当該製造物についてのみ生じたときは、この限りでない。

　これにより、テレビが発火しても他の財産被害や人的被害がなかった場合には適用されません。そして、製造物については、2条1項で「この法律において『製造物』とは、製造又は加工された動産をいう」としており、野菜などの自然物、不動産、サービスなどは含まれません。欠陥については2条2項で、「この法律において『欠陥』とは、当該製造物の特性、その通常予見される使用形態、その製造業者等が当該製造物を引き渡した時期その他の当該製造物に係る事情を考慮して、当該製造物が通常有すべき安全性を欠いていることをいう」となっています。欠陥や因果関係の立証が困難な場合が多く、消費者の立証責任の軽減が現PL法の課題であり、推定規定の導入を求める主張もあります。

　PL法の適用範囲について示したのが、次の図です。

15　本来、「無過失責任」と言ってよいのですが、製造物責任法の立法化に当たっては、「無過失責任」という用語に対する産業界の拒絶反応に配慮し、同法案の提案理由などにおいて「欠陥責任」という用語が用いられ、現在に至っています。

16　朝見行弘「製造物責任法における立証責任」（国民生活センターWEB版国民生活「製造物責任法（PL法）を学ぶ」第7回（2013年1月））参照。

対象物	「製造または加工された動産」がPL法の対象です。 例） 自動車・テレビ・コーヒーカップ・加工したジュースなど
被害の実態	テレビから出火してカーテンが燃えた テレビから出火してやけどをした テレビが出火した
適用法律	製造物の欠陥が原因で生命、身体または財産に被害を受けたときはPL法の対象です。 PL法が適用され、民法も適用されます。　　　　民法が適用
上記以外のもの	果物・野菜など未加工の農林水産物や不動産・サービス等はPL法対象となりません。民法が適用されます。　　　　民法が適用

5. 他の主な安全にかかわる消費者法制

これら以外で重要な関連法令を紹介しておきます。

① 家庭用品規制法[17]

有害物質を含有する家庭用品について保健衛生上の見地から必要な規制を行うことにより、国民の健康の保護に資することを目的としています。厚生労働大臣が指定した家庭用品について、この法律で定められた有害物質の含有量、溶出量または発散量に関する基準が定められています。基準に適合しない場合には、販売等ができません。住宅用洗剤、家庭用エアゾール製品、繊維製品などに使われる有害物質が対象です。

② 電気用品安全法

電気用品による危険および障害の発生の防止を目的とする法律で、約450の電気用品を対象として指定し、製造、販売等を規制するとともに、電気用品の安全性の確保について民間事業者の自主的な活動を促進する枠組みとなっています。規制には、未然に危険・障害の発生を防ぐための流通前規制と、発生した危険・障害の拡散を防ぐための流通後規制があります。消費生活用製品安全法で定める PSC 類似の PSE マーク制度があります[18]。

③ 薬機法_{やっきほう}[19]

医薬品・医薬部外品・化粧品および医療用具に関する事項を規制し、その適正を図ることを目的としています。従来薬事法と呼ばれていましたが、2013 年に改正されたものです。改正により再生医療等製品の規定が新設されました。医薬品や医療機器等の製造から販売、市販後の安全対策までの全過程における行政による規制を行い、行政が承認し許可し監督することにより、国民の生命と健康を守ろうとするものです。

この他にもガス機器、毒物、火薬、鉄道、タクシー、建造物、消防、旅館業など個々の分野の法律が消費者の安全関連の規制も行っています。

[17] 正式名称は、「有害物質を含有する家庭用品の規制に関する法律」。

[18] 特定電気用品　　特定電気用品以外の電気用品

[19] 正式名称は、「医薬品、医療機器等の品質、有効性及び安全性の確保等に関する法律」。

12章 リスクゼロの食品はない？
～食の安全と安心～

1. 食の安全・安心

　消費者の安全のうち、食の安全は特に重要です。食品は毎日、消費者が直接口に入れるものであり、身体的被害が出やすいからです。また、安全に加え、安心という言葉も良く使われます。正確に言えば、「食の安全と消費者の安心」ということになります。「安全」と「安心」という言葉はどこが違うのでしょうか。

　食品の「安全」とは、専門家による試験や調査などで得られた科学的根拠にもとづいて確保されるものです。食品を製造する企業の安全確保体制の整備、偶発的な事故による食品汚染の防止が求められています[1]。ただし、リスクゼロの食品はないと言われています。したがって、科学的証拠の評価結果をもとに健康影響などのリスクが許容範囲に留められている状態を言います。ただし、食べる人、食べ方、食べる量によりリスクは変わってきます。たとえば、塩は生きていく上でなくてはならないものですが、その摂りすぎは高血圧や動脈硬化などの健康被害を招く恐れがあります。

　一方、「安心」とは、消費者の主観的な問題であり、心配とか不安が取り除かれている状態を言います。食品の安全が守られているという確証、すなわち、食品企業や行政への信頼の問題です。それを裏切るのは表示の偽装などの企業倫理の欠如や法令違反です。またリスクについての消費者の理解も必要です。安心確保のためには企業による情報開示と企業と消費者の対話による相互理解と信頼の醸成が不可欠であり、リスクコミュニケーションの重用性が指摘されています。

[1] このほか、食品防衛（フード・ディフェンス）という課題も登場しています。意図的に食品に毒物を入れるような、社会的混乱を意図した犯罪も起きています。

食品中の様々な危害要因（ハザード）の例

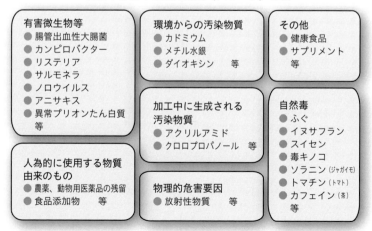

有害微生物等
- 腸管出血性大腸菌
- カンピロバクター
- リステリア
- サルモネラ
- ノロウイルス
- アニサキス
- 異常プリオンたん白質
  等

環境からの汚染物質
- カドミウム
- メチル水銀
- ダイオキシン　等

その他
- 健康食品
- サプリメント
  等

加工中に生成される汚染物質
- アクリルアミド
- クロロプロパノール　等

自然毒
- ふぐ
- イヌサフラン
- スイセン
- 毒キノコ
- ソラニン（ジャガイモ）
- トマチン（トマト）
- カフェイン（茶）
  等

人為的に使用する物質由来のもの
- 農薬、動物用医薬品の残留
- 食品添加物　　等

物理的危害要因
- 放射性物質　等

2. 食品の危害要因

　食品が安全であるべきことは言うまでもありませんが、ではどのような場合に安全が確保されないのでしょうか[2]。前ページの図は食品中の様々な危害要因の例をあげたものです[3]。

　いろいろな危険要因があることがわかります。たとえば、食中毒の発生がニュースになることがよくありますが、食中毒とは、一般的には、食品に含まれる有害微生物、有害化学物質、自然毒を原因とする健康被害のことです[4]。

3. 食品の安全を守る仕組み

　食品の安全性にかかわる基本的な考えは「予期された方法や意図された方法で作ったり食べたりした場合に、その食品を食べた人に害を与えないという保証」[5]と言えます。食品の安全性確保は予報的措置が重要であるため、行政規制が広く行われており、そのため、多くの行政組織が携わっており、自治体も保健所を中心に活動しています。

　下図は日本の食品の安全を守るための仕組みです。

食品の安全を守る仕組み

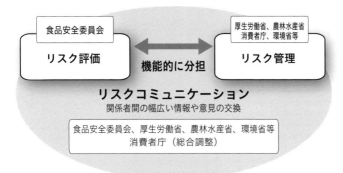

● リスク評価	食品中に含まれる危害要因を摂取することにより、どのくらいの確率でどの程度ヒトの健康への悪影響が起きるかを科学的に評価すること。
● リスク管理	リスク評価の結果を踏まえて、関係者と協議しながら、実行可能性や費用対効果等の事情を踏まえた上で、リスクを低減するための科学的に妥当で適切な措置（規格や基準の設定等）を実施すること。
● リスクコミュニケーション	食品の安全性を向上させるリスク評価やリスク管理について、行政機関、消費者、生産者、食品事業者との間で、それぞれの立場から情報の共有や意見を交換すること。

　食品の安全を守る仕組みは、「リスク評価」、「リスク管理」、「リスクコミュニケーション」の3要素から構成されています。リスク評価機関（食品安全委員会）とリスク管理機関（厚生労働省、農林水産省、消費者庁、環境省等）がそれぞれ独立して業務を行い、消費者庁が総合調整をすることによって、相互に連携して食品の安全性を確保するための取組みが進められています。食品安全委員会は、食品安全基本法[6]の施行により2003年7月に新設された内閣府の機関です。7人の委員と、企画等専門調査会と危害要因ごと

2　個々の商品の安全性の問題だけでなく、食生活に起因する生活習慣病と言われる疾患もあります。食べ過ぎ、偏食などによる肥満や、逆に拒食症による痩せすぎなどです。

3　東海農政局作成ネット公開資料「食品の安全って何だろう〜食品安全の基礎知識〜」（2016年7月）参照。

4　食品衛生法では「食品、添加物、器具若しくは容器包装に起因し、又は起因すると疑われる」中毒と定義されています。

5　Codex「食品衛生に関する一般原則」による。Codexとは正式にはコーデックス・アリメンタリウス（Codex Alimentarius）というラテン語からきた言葉で、現在は国際食品規格を指します。国連食糧農業機関（FAO）と世界保健機関（WHO）が1962年に合同で作成することを決め、その実施機関はコーデックス委員会です。

6　BSE（牛海綿状脳症）騒動を教訓に、農林水産省・厚生労働省の縦割り行政を見直し、食品の安全確保対策の総合的な推進と食品行政への信頼回復とを目的に2003年7月1日に施行されました。内容は食品安全委員会の設置を柱とします。本委員会は食品添加物や農薬、遺伝子組換え食品などについて関係機関に意見を述べ、リスク評価を行い、内閣総理大臣を通じて関係機関の長に勧告する権限を持ちます。

に分けられた15の専門調査会、事務局などからなります。先の図にあるように、客観的かつ公平な「リスク評価」を行う必要があるため、食品や農林水産物の「リスク管理」をする厚生労働省や農林水産省からは独立した組織とされています。

　食品の安全確保に重要な法律として食品衛生法があります。公衆衛生の見地から、食品に関して必要な規制を規定している法律です。食品の安全性確保のため、飲食に起因する衛生上の危害の発生を防止することを目的として、1948年に制定されましたが、食品安全基本法の制定とともに大改正が行われています。食品・食品添加物・器具・容器包装に関する有害物の販売使用禁止、基準・規格の設定、厚生労働大臣・知事の検査権限、食品衛生監視員、製造業・飲食店業の施設基準、飲食店業の知事許可制などを規定しています。実際には、厚生労働省が本法に基づき、流通食品の監視や基準の策定を実施し、農林水産省が生産・製造過程における管理・指導による安全性向上の取組みを行っています。

4. 食の安全と表示

　食の安全の確保には消費者側の適切な知識と行動が不可欠です。したがって、消費者向けの食品表示と消費者教育が重要です。ここでは表示を中心にみていきましょう。食品の安全性、栄養改善、健康への関心の高まりや、美しくありたいという願望などを受けての健康食品の登場など、食品の適切な表示の重要性が増しています[7]。これらに関連する食品衛生法、JAS法、健康増進法と新しくできた食品表示法の関係図を下記に示します。3つの法の表示に関する部分が食品表示法に一元化されました。

7　最近話題になった事件に、アサリの産地偽装事件があります。中国や韓国などから輸入されたアサリを、熊本県や他の国内産地と偽って販売していた食品偽装問題ですが、輸入アサリの生育期間を改ざんしたり、国内の干潟で短期間蓄養したりすることで、原産地表示のルールを悪用して行われていたものです。この事件を受けて、食品表示基準Q&Aが改正され、アサリの原産地表示のルールが厳格化されています。具体的には、国産表示できる日本国内での育成期間を1年半以上とし、輸入に関する書類の保管も求めるようになっています。

食品衛生法	JAS法	健康増進法	
目的 飲食に起因する衛生上の危害を防止し、国民の健康の保護をはかる。	目的 農林物資の品質の改善、生産の合理化、取引の単純公正化および使用または消費の合理化を図るとともに、農林物資の品質に関する適正な表示を行わせることによって一般消費者の選択に資する。	目的 国民の栄養の改善その他の国民の健康の増進を図るための措置を講じることにより、国民保健の向上をはかる。	
●販売の用に供する食品等に関する表示についての基準の策定および当該基準の遵守（19条）等	●製造業者が守るべき表示基準の策定（19条の13） ●品質に関する表示の基準の遵守（19条の13の2）等	●栄養表示基準の策定および当該基準の遵守（旧31条、旧31条の2）等	食品表示法へ
●食品、添加物、容器包装等の規格基準の策定、規格基準に適合しない食品等の販売禁止　等 ●都道府県知事による営業の許可　等	●日本農林規格の制定 ●日本農林規格による格付等	●基本方針の策定 ●国民健康・栄養調査の実施 ●市町村等による生活習慣相談および保健指導の実施等 ●受動喫煙の防止 ●特別用途表示の許可　等	

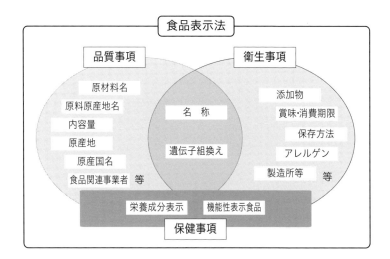

JAS 法[8]は、農林物資（飲食料品・農産物・林産物・畜産物・水産物）についての品質の基準と品質に関する表示の基準を内容とする全国統一の規格である日本農林規格を定めています。

健康増進法は、国民への栄養改善や健康の維持・増進をはかることを目的として厚生労働省が 2000 年 3 月に開始した「21 世紀における国民健康づくり運動」に関連して制定されました。医療制度改革の一連の動きのなかで廃止された栄養改善法の内容も含んでいます。最近、国民の関心が高い喫煙規制も本法の規制範囲です。食品関連では健康食品についての規定を含みます。

こうした食品の安全性確保および消費者の適切な商品選択の機会を確保するために、食品表示に関係する 3 法（食品衛生法、JAS 法および健康増進法）が統合され、新たに食品表示法が制定されたのです。新しい食品表示制度の特徴としては栄養成分表示の義務化、アレルギー表示の改善、「機能性表示食品」の新設があげられます。

なお、食品の安全性を確保する仕組みとして HACCP（ハサップ）[9]と言われる制度があります。食品衛生法で定める総合衛生管理製造過程の承認制度のなかに組み込まれています。最終製品の抜取検査方式ではなく、製造プロセス全体において、予測される危害を分析し、重要管理点を定める方式です。2020 年 6 月からこの HACCP の義務化が始まり、2021 年 6 月からすべての食品等事業者を対象に完全義務化されました。

5. 健康食品

いわゆる健康食品は一般の食品と医薬品の中間に位置するものですが、法的定義はなく、実際には健康によくないものや、安全面、効果面に疑問がもたれるものもあります。食品に関する機能表示の制度として、「特定保健用食品（トクホ）」、「栄養機能食品」、食品表示法によって新たに設けられた「機能性表示食品」があります[10]。

「特定保健用食品（トクホ）」は、消費者庁長官が個別の食品ごとに審査・許可する（個別許可制）もので、許可された食品には許可マークが表示

8 正式名称は「農林物資の規格化等に関する法律」。

9 Hazard Analysis and Critical Control Point.

10 従来、多種多様に販売されていた「いわゆる健康食品」のうち、一定の条件を満たした食品を「保健機能食品」として、この 3 つのカテゴリーがあります。この他、病者用食品、乳児用調製粉乳など、特別の用途について表示を行う特別用途食品もあります（許可制、マークあり）。

**特定保健用食品
（トクホ）マーク**

されます。「栄養機能食品」は、科学的根拠が示された栄養成分について食品に表示できるもので、届出は必要なく、自己認証制となっています。

「機能性表示食品」は消費者庁長官に届け出て、事業者の責任において機能性表示を行うものです。機能性表示食品の届出内容等は消費者庁 HP に公開されます。

医薬品 医薬部外品	食品			
	機能性を表示できる（保健機能食品）			機能性を表示できない
	特定保健用食品（トクホ）	栄養機能食品	機能性表示食品	一般食品 左記以外のいわゆる健康食品
	消費者庁が個別に許可（マークあり）	国の基準に適合すれば届出不要（マークなし）	科学的根拠等を消費者庁に届出（マークなし）	

6. 消費者の関心が高い主な制度

食の安全をめぐる論点や制度は多岐に渡るため、この章ですべてを語ることはできませんので、大学生の皆さんにとっても関心が高いと思われる主な制度について以下に説明します。

(1) 消費期限・賞味期限

食品を食べても身体的に問題が生じないという期間を可食期間といいます。食品を一定期間保管し、栄養成分や細菌の数を調べ、味・においなどによる官能検査を行い、品質劣化の状況をみて算出するのが一般的です。食品衛生法、JAS 法に規定され、消費期限と賞味期限があります。

消費期限は定められた方法で保存した場合に、品質劣化に伴う衛生上の危害が発生するおそれがないと認められる期限で、生鮮品や弁当・総菜など劣化が速い食品（製造日を含め品質が保たれる期間がおおむね 5 日以内のもの）に表示が義務づけられています[11]。

賞味期限は、定められた方法により保存した場合において、期待されるすべての品質の保持が十分に可能であると認められる期限を示す年月日（3 ヵ月を超す場合は年月）です。品質が比較的劣化しにくい、スナック菓子、冷凍食品、乳製品、缶詰、清涼飲料水などに表示が義務づけられています[12]。

(2) 原料原産地表示

食品表示法の食品表示基準により、2022 年 4 月からすべての加工食品の 1 番多い原材料について、原料原産地表示が義務付けられています。

(3) 食品添加物

食品添加物は、保存料、甘味料、着色料、香料など、食品の製造過程または食品の加工・保存の目的で使用されるものです。厚生労働省は、食品添加物の安全性について食品安全委員会による評価を受け、人の健康を損なうおそれのない場合に限って、成分の規格や、使用の基準を定めたうえで、使用を認めています[13]。

[11] 安全確保のための正しい表示と消費者の行動が不可欠な一方で、食品ロスが問題になっています。スーパーに並ぶ食品のうち、新しいもの、消費期限が長いものを選んで購入するという行為は、売れ残りを増大させることにもなりかねません。すぐに食べるのであれば、賞味期限の短いものから購入することも「消費者の責任」として考えてみるべきです。

[12] 製造元がおいしく食べられることを保証する期限で、それを過ぎても品質が保たれている場合もあります。消費期限が「use by date」（期限を過ぎたら食べない方がよい）とされているのに対して、賞味期限は「best before」（美味しく食べることができる期間）とされています。

[13] ただし、添加物の安全性について不安に思う消費者も多くいます。たとえば、マーガリンなどに使われているトランス脂肪酸は LDL コレステロールを増加させ心血管疾患のリスクを高めるとされ、その過剰摂取は問題とされています。

⑷　遺伝子組換え食品

　遺伝子組換えとは、生物の細胞から有用な性質を持つ遺伝子を取り出し、植物などの細胞の遺伝子に組み込み、新しい性質を持たせることを遺伝子組換えと言います。この技術を利用した害虫に強いなどの生産性を向上させた食品が遺伝子組換え食品（作物）です。日本では申請に基づき、審査し、製造、輸入、販売を認めています。申請者は、開発した品種ごとに厚生労働省に、安全性審査の申請をします。これに対し、厚生労働省は食品安全委員会に安全性の評価を依頼し、同委員会は安全性の評価（食品健康影響評価）を行います。日本で安全性が確認され、販売・流通が認められているのは、9農産物33加工食品群です（2023年3月現在）。輸入品については、安全性が確認されていない遺伝子組換え食品が輸入されていないかを検疫所において検査しています。表示が義務づけられており、商品ラベルの原材料名または名称のところに書いてあります[14]。

　遺伝組換え食品の安全性について国は問題ないとしていますが、依然、論争になっています。表示制度があるので、消費者は買わないという選択をすることはできます。

⑸　有機農産物

　農薬や化学肥料を原則として使用せず、堆肥などによって土づくりを行った水田や畑で栽培された農産物をいいます。「有機農産物」と表示して販売するためには、国が認めた登録認定機関による有機JAS認定を取得する必要があります。認定条件は厳しく、水稲や野菜など一年生作物は植え付けや種まきの前2年以上、果物などの多年生作物については3年以上禁止されている農薬や化学肥料を使用していない水田や畑で栽培された農作物であることが求められます。

⑹　食品のトレーサビリティ

　事業者が食品を取り扱った際の記録を作成し保存しておくことで、食中毒など健康に影響を与える事故等が発生した際に、問題のある食品がどこから来たのかを調べたり（遡及）、どこに行ったかを調べたり（追跡）することをトレーサビリティと言い、農水省が業界ごとの実践マニュアルを作って推進しています。トレーサビリティを義務づける法律は、BSEの発生を契機に制定された牛トレーサビリティ法[15]と、適正な米の流通を図るための米トレーサビリティ法[16]があります。このほかの食品については、トレーサビリティを義務付ける法令はありません。

　飼育牛の映像を見ると必ず耳に黄色のタグがあります。そこの番号（個体識別番号）はスーパーでパックされた肉になるときまで使われています。家畜改良センターのHPで検索すると飼育歴が出てきます。米については、事業者は、消費者に米・米加工品を販売する場合に、米トレーサビリティ法に基づき産地情報の伝達を行うことが必要となります。外食店で米飯類を提供する場合も産地情報の伝達が必要です。

14　遺伝子組換えに関する食品表示基準は2023年4月に改正されています。「遺伝子組換え大豆はほぼ含まれていません」「遺伝子組換えとうもろこしの混入をできる限り抑えています」等という誤解を生じる表示は避けるべきとされました。ただし、製造の過程で組み込まれた遺伝子やその遺伝子が作る新たなタンパク質が技術的に検出できない場合には、表示は義務付けられていません（例：油やしょうゆなど）。

有機農産物認証マーク
（有機JASマーク）

15　正式名称は「牛の個体識別のための情報の管理及び伝達に関する特別措置法」。

16　正式名称は「米穀等の取引等に係る情報の記録及び産地情報の伝達に関する法律」。

Column 消費者教育体系マップ

対象 / ライフステージ		消費者市民社会の構築			商品等の安全		生活の管理と契約		情報とメディア		
		消費がもつ影響力の理解	持続可能な消費の実践	消費者の参画・協働	商品安全の理解と危険を回避する能力	トラブル対応能力	選択し、契約することへの理解と考える態度	生活を設計・管理する能力	情報の収集・処理・発信能力	情報社会のルールや情報モラルの理解	消費生活情報に対する批判的思考力
幼児期	様々な気づきの体験を通じて、家族や身の回りの物事に関心をもち、それを取り入れる時期	おつかいや買い物に関心を持とう。	身の回りのものを大切にしよう。	協力することの大切さを知ろう。	くらしの中の危険や、ものの安全な使い方に気づこう。	困ったことがあったら身近な人に伝えよう。	約束やきまりを守ろう。	欲しいものがあったときは、よく考え、時には我慢することをおぼえよう。	身の回りのさまざまな情報に気づこう。	自分や家族を大切にしよう。	身の回りの情報から「なぜ」「どうして」を考えよう。
小学生期	主体的な行動、社会や環境への興味を通して、消費者としての素地の形成が望まれる時期	消費をめぐる物と金銭の流れを考えよう。	自分の生活と身近な環境とのかかわりに気づき、物の使い方を工夫しよう。	身近な消費者問題に目を向けよう。	危険を回避し、物を安全に使う手がかりを知ろう。	困ったことがあったら身近な人に相談しよう。	物の選び方、買い方を考え適切に購入しよう。約束やきまりの大切さを知り、考えよう。お小遣いを考えて使おう。	物や金銭の大切さに気づき、計画的な使い方を考えよう。	消費に関する情報の集め方や活用の仕方を知ろう。	自分や知人の個人情報を守るなど、情報モラルを知ろう。	消費生活情報の目的や特徴、選択の大切さを知ろう。
中学生期	行動の範囲が広がり、権利と責任を理解し、トラブル解決方法の理解が望まれる時期	消費者の行動が環境や経済に与える影響を考えよう。	消費生活が環境に与える影響を考え、環境に配慮した生活を実践しよう。	身近な消費者問題および社会課題の解決や、公正な社会の形成について考えよう。	危険を回避し物を安全に使う手段を知り、使おう。	販売方法の特徴、トラブル解決の法律や制度、相談機関を知ろう。	商品を適切に選択するとともに、契約とそのルールを知り、よりよい契約の仕方を考えよう。	消費に関する技能を活用しよう。買い物や貯金を計画的にしよう。	消費生活に関する情報の収集と発信の技能を身に付けよう。	著作権や発信した情報への責任を知ろう。	消費生活情報の評価、選択の方法について学び、意思決定の大切さ知ろう。
高校生期	生涯を見通した生活の管理や計画の重要性、社会的責任を理解し、主体的な判断が望まれる時期	生産・流通・消費・廃棄が環境、経済に与える影響を考えよう。	持続可能な社会を目指して、ライフスタイルを考えよう。	身近な消費者問題および社会課題の解決や、公正な社会の形成に協働して取り組むことの重要性を理解しよう。	安全で危険の少ないくらしと消費社会を目指すことの大切さを理解しよう。	トラブル解決の法律や制度、相談機関の利用法を知ろう。	適切な意思決定に基づいて行動しよう。契約とそのルールの活用について理解しよう。	主体的に生活設計を立ててみよう。生涯を見通した生活経済の管理や計画を考えよう。	情報と情報技術の適切な利用法や、国内だけでなく国際社会との関係を考えよう。	望ましい情報社会のあり方や、情報モラル、セキュリティについて考えよう。	消費生活情報を評価、選択の方法について学び、社会との関連を理解しよう。
成人期 / 特に若者	生活において自立を進め、消費生活のスタイルや価値観を確立し自らの行動を始める時期	生産・流通・消費・廃棄が環境、経済、社会に与える影響を考える習慣を身に付けよう。	持続可能な社会を目指すライフスタイルを探そう。	消費者問題その他の社会課題の解決や、公正な社会の形成に向けた行動の場を広げよう。	安全で危険の少ないくらし方を習慣を付けよう。	トラブル解決の法律や制度、相談機関を利用する習慣を付けよう。	契約の内容・ルールをよく確認し契約する習慣を付けよう。	生涯を見通した計画的な生活設計・管理を実践しよう。	情報と情報技術を適切に利用する習慣を身に付けよう。	情報社会のルールや情報モラルを守る習慣を付けよう。	消費生活情報を主体的に吟味する習慣を付けよう。
成人期 / 成人一般	精神的、経済的に自立し、消費者市民社会の構築に、様々な人々と協働し取り組む時期	生産・流通・消費・廃棄が環境、経済、社会に与える影響に配慮して行動しよう。	持続可能な社会を目指したライフスタイルを実践しよう。	地域や職場で協働して消費者問題その他の社会課題を解決し、公正な社会をつくろう。	安全で危険の少ないくらしと消費社会をつくろう。	トラブル解決の法律や制度、相談機関を利用しやすい社会をつくろう。	契約とそのルールを理解し、くらしに活かそう。	経済社会の変化に対応なくらしを理解し、生涯を見通した計画的なくらしをしよう。	情報と情報技術を適切に利用するくらしをしよう。	トラブルが少なく、情報モラルが守られる情報社会をつくろう。	消費生活情報を主体的に評価して行動しよう。
成人期 / 特に高齢者	周囲の支援を受けつつも人生での豊富な経験や知識を消費者市民社会構築に活かす時期	消費者の行動が環境、経済、社会に配慮することの大切さを伝え合おう。	持続可能な社会に役立つライフスタイルについて伝え合おう。	支え合いながら協働して消費者問題その他の社会課題を解決し、公正な社会をつくろう。	安全で危険の少ないくらしの大切さを伝え合おう。	支え合いながらトラブル解決の法律や制度、相談機関を利用しよう。	契約トラブルに遭遇しない暮らしを伝え合おう。	生活環境の変化に対応し支え合いながら生活を管理しよう。	支え合いながら情報と情報技術を適切に利用しよう。	支え合いながら、トラブルが少なく情報モラルが守られる情報社会をつくろう。	支え合いながら消費生活情報を上手に取り入れよう。

出典：消費者庁「消費者教育ポータルサイト」
「消費者教育の体系イメージマップ」を元に作成

VI より**良**い
消費社会**実**現のために

消費者が安心して生活を送るためには行政の役割が重要です。
被害を未然に防止するための行政の役割について考えます。

また、消費者自身が企業に対抗するために組織化して運動を行
うことが必要ですし、企業自らが襟を正すことも重要です。

さらに、消費者の権利行使のみならず、消費者市民として消費
者の責任を果たすための消費者教育により、SDGs の実現が求
められている状況について考えます。

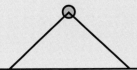

13章 消費者と行政の関係を考える

1. 行政の役割

元来、国防、治安維持、防災などの政策の実施は国家の成立とともに行われてきたものであり、法律の根拠が必要とされていたわけではありません。かつての封建領主や専制君主は一方的に行政を執行していました[1]。

しかし、現在は、権力者や担当者が恣意的な運用をするような行政は許されません。また、市民法原理としての私的自治の原則があるため、それに介入する行政の行為は法律に基づかなければなりません。そのために行政法規を定める必要があります[2]。

第3章の「3. 消費者法とはどういう法律？」の中で、消費者法といわれる一連の法律には消費者基本法に加え、民事法規、行政法規、刑事法規が含まれていることを説明しました。民事法規によって、消費者が、事業者によってその権利を侵害された場合には裁判所で消費者自らが権利回復を求めることができます。また、刑事法規は、法益を侵害する行為が著しい場合に犯罪としてその行為を行った者を処罰するものです。これらの法律の存在は消費者の権利を守るために重要ですが、その登場場面は問題が起こった後です。その行為が起こる前、すなわち事前予防のための規制はできません。それができるのは行政なのです。

たとえば、医療行為を誰でも行える社会を想定してみてください。医療行為を行った者の診察ミスや未熟な手術で一生の障害を持つようになったらどうしますか？ 民法709条に定めた「不法行為による損害賠償」[3]責任を追及して損害賠償金を取れる可能性があります。また、刑法211条「業務上過失致死傷罪」[4]により、刑事罰を科すことができる可能性があります。しかし、それで十分と思う人は誰もいないでしょう。特に生命・身体にかかわる問題は権利回復といっても、死んだ人を生き返らせたりすることはできないのです。そこで行政が登場します。しかし、行政が恣意的に医療を行える者を決めることは許されません。医療は生命身体に関わる重要な行為ですから、医師として必要な知識や技術の基準を定め、それに適合した人だけに医療行為を認めるということによってその安全を確保する必要があります。その公正な手続等を定めた法律は医師法です。

厚生労働省が医師法を所管し、国家試験を実施し、合格した者だけに医師の免許を与え、医療行為を許すという制度です。

法的なアドバイスや訴訟業務を行うためには司法試験に合格して一定の研修を受け、弁護士会に登録してはじめて弁護士としてその仕事ができるというのも、同様に法務省が所管している弁護士法による施策です。

こうした専門家の免許制度に加え、商品の安全基準を定め、それを満たさない場合には製造販売を認めなかったり、旅館やホテル施設の安全基準を定め、それを満たす場合に限り開業を認めるなど、様々なことが行政法

---

1 人が治める政治を「人の支配（人治主義）」、法の定める政治を「法の支配（法治主義）」と言います。「法の支配」は民主主義の根幹です。

2 行政法とも言われますが、民法や商法のように単独の法典が存在しているわけではありません。行政に関連する法律の総称を言います。その機能から大きく分類すると、行政の仕組みや定員などを定める行政組織法、行政の権限を定める行政作用法、国民の行政に対する不服申立て等について定める行政救済法の3つになります。

3 民法709条「故意又は過失によって他人の権利又は法律上保護される利益を侵害した者は、これによって生じた損害を賠償する責任を負う」。

4 刑法211条「業務上必要な注意を怠り、よって人を死傷させた者は、5年以下の拘禁刑又は100万円以下の罰金に処する。重大な過失により人を死傷させた者も、同様とする」。

規で決まっており、その運用は各省庁や自治体が行っています。したがっ て、民事法規と違って行政法規による施策遂行においては、行政による運 用コストがかかる場合が多くあります[5]。

また、業界保護の側面が問題となる場合もあります。消費者保護の名の もとの事業者保護であったり、既得権維持であったりすることもあります。 逆に事業者の利益をおもんぱかるあまりに、消費者の権利や利益がないが しろにされる場合もあります。過剰な規制は産業振興に有害であるという 主張です。

消費者の安全と公正な取引の確保のための適切な行政規制とそのための 組織が必要ですが、適切な規制と組織（予算や人員）の在り方は絶えず議論 になっています。

2. 消費者行政改変の歴史

消費者行政という言葉の意味は、当然、消費者の権利を守るための行政 ということになります。では数ある行政機関のうち、消費者行政とはどこ を指すのかということとなると、これは簡単には線引きできません。

現代人の消費生活に関連した政策は多様化しています。すなわち、各省 庁が担当する政策は多岐にわたり、多くのものが消費者の権利や利益につ ながります。したがって、消費者行政の組織化はどの国でも悩ましいもの があり、時代とともに改変も多く行われています。

消費者の権利・利益を確保するために一番重要な法律は消費者基本法で あるということはすでに述べました。まず、同法の規定を見てみましょう。

消費者基本法24条「行政組織の整備及び行政運営の改善」は、「国及 び地方公共団体は、消費者政策の推進につき、総合的見地に立った行政組 織の整備及び行政運営の改善に努めなければならない」としています。

現実には行政が消費者問題の未然防止や問題解決のための主な手段には 2つの方法があります。

1つは、情報、交渉力あるいは資金力等において消費者より強い立場にあ る企業の活動を規制する「規制行政」です。戦後、日本では、経済産業省 や農林水産省などの規制対象となる産業・業界ごとの縦割りで組織されてい る監督官庁が許認可権等を行使することによってその役割を担ってきました。

もう1つは、企業に対して弱い立場の消費者を支援する「支援行政」で す。自治体が設置している消費生活センターが中心となって消費者啓発、 苦情処理等によって消費者を支援してきました。

そうした中、10年ほど前に、餃子の中毒事故、こんにゃくゼリーによ る窒息事故、エレベーターの不具合による戸開走行死亡事故[6]など次々に 消費者の安全を脅かす問題が噴出し、行政の対応に批判が集中しました。

従来、消費者行政は内閣府国民生活局[7]が中心となって消費者政策の企 画や調整を行い、各省庁がそれぞれの所管のなかで消費者政策を推進して きました。しかし、消費者の権利を守ることを前面に打ち出した省庁は存 在していませんでした。そのことが、数多くの消費者問題を発生させてき たという指摘がなされてきました。日本の行政は明治維新以来の産業の保 護育成の発想が強く、生産者の方ばかりを見ているという批判です。そう

5 ルールを定めただけでそれが遵 守されれば問題がありませんが、通 常はそのルールに従って事業者が適 切な業務を行っているか、監視し、 違反があった場合に行政処分を課す などの対応が必要になります。事業 者の数が膨大であれば、行政の仕事 も増えますので、事業予算や人員の 確保が必要となります。

6 エレベーターの扉が開いたまま 走行してしまう「戸開走行」によっ て2006年に港区で高校生が死亡し た事故。

7 内閣府は中央省庁等改革基本法 により2001年1月に発足した中央 行政機関で、総理府の本府、経済企 画庁、沖縄開発庁、国土庁の防災局、 金融再生委員会などを統合して新設 されました。この時に経済企画庁国 民生活局が内閣府国民生活局となり ました。

した中、2008年1月18日に、福田康夫内閣総理大臣が第169回国会で行った施政方針演説の中で「消費者行政を統一的一元的に推進するための強い権限を持つ新組織」の設立構想を明らかにしたことが発端となり、消費者行政の一元化が大きな政治課題となりました。

　与党は、消費者の権利・利益に直接結びつく29の法律と関連の行政組織を各省庁から移管して一元化する「消費者庁」構想を表明し、法案化しました。当時野党であった民主党は政府の中に消費者庁を置く与党案に反対し、政府の外で消費者行政を監視し、勧告等を行う「消費者権利院」[8]法案を提出しました。結局、民主党は権利院法案を取り下げ、与党案をベースとして修正が行われました。その結果、消費者庁とともにそれとは独立した消費者委員会を設ける修正案が2009年5月29日に成立し[9]、同年9月1日に両組織が発足しました。

3. 消費者行政の体系と国の主な機関

　現在の日本の消費者行政は、その監視役としての消費者委員会と、司令塔としての消費者庁、そして情報収集や啓発、消費者苦情処理・紛争解決等を目的とした独立行政法人国民生活センターを中心として展開しています。現在、消費者の権利・利益に直接かかわる30ほどの法律（コラム26ページ参照）を消費者庁が所管あるいは他省庁と共管していますが、他の省庁も数多くの消費者関連法を所管していますから、これら他の省庁が重要ではないという意味では決してありません。いずれの省庁においても消費者目線をしっかり持って施策を遂行することが求められています。

　2018年9月現在の消費者行政組織図は下記のとおりです。

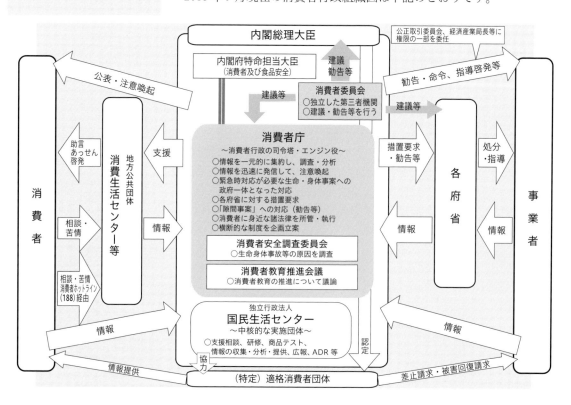

消費者行政の中心となっている国の機関の概要は下記のとおりです。

消費者委員会
内閣府の下に設置された独立機関[10]。消費者庁をはじめとする消費者行政に関連する各中央省庁を監視し、問題が認められた場合、内閣総理大臣や関係省庁の主任の大臣、消費者庁長官に対して建議する権限を持ちます。内閣総理大臣に対しては、消費者安全法に基づき報告する権限や、その後の措置について報告を要求する権限が与えられています。また、内閣総理大臣・消費者庁長官等からの諮問に応じて答申する諮問機関の機能も有します。内閣総理大臣に任命された 10 名以内の委員により構成され、委員の任期は 2 年間（再任可）。委員とは別に臨時委員や専門委員を置くこともできます。消費者委員会本会議のほか、新開発食品調査部会、食品表示部会、公共料金等専門調査会などの部会・専門調査会等を設置しています。

消費者委員会のもっとも重要な活動は消費者行政の監視役としての主務大臣などに対する建議や提言などです。2009 年 9 月の設立以来、23 件の建議、18 件の提言、107 件の意見等を行っています（2022 年 12 月現在）[11]。特に建議については、それを受けた大臣等には回答義務があることから、かなりの影響力を持っています[12]。

消費者庁
内閣府特命担当大臣（消費者および食品安全）のもとに置かれた内閣府の外局。消費者の観点に立って消費者行政を統一的一元的に推進するための権限を持つ組織として設立され、消費者安全、取引・物価対策、表示対策などを推進する部局で構成されています。消費者基本法に基づく消費者基本計画[13] の案を作成し、その実施状況を監視するため、内閣府の特別の機関として消費者政策会議[14] が置かれており、同会議の庶務を担当しています。基本的な消費者政策の企画・立案・推進、関係行政機関の事務の調整、所掌する個別法の運用（消費者安全法、特定商取引法、景品表示法、JAS 法等）等を任務としています。

消費者庁には審議会等にあたる組織として消費者安全調査委員会（通称：消費者事故調）と消費者教育推進会議も置かれています。

消費者事故調は消費者の生命・身体の安全を脅かす事故の原因を究明し、再発防止と被害軽減策を講ずることを目的とした委員会です。2012 年に消費者安全法に基づき設置されました。被害の拡大や再発防止のために講ずるべき施策や措置について内閣総理大臣への勧告や関係行政機関への提言を行います。製品や施設の使用に起因する事故や食品による健康被害など、国土交通省の運輸安全委員会で扱われる航空・鉄道・船舶事故を除くすべての分野が調査対象で、委員会は、内閣総理大臣が任命する非常勤の委員 7 人以内で組織され、臨時委員、専門委員も任命されています。

消費者教育推進会議は、消費者教育推進法に基づき設置されています。会議の委員には、2022 年 7 月現在、20 名が任命されており、内閣総理大臣と文部科学大臣が「案」を作成し、閣議により決定する「消費者教育の推進に関する基本的な方針（基本方針）」に対して意見を述べることが主な所掌事務となっています。

10　ただし、国家公安委員会のような「外局」とは異なり、内閣府の「審議会等」として位置づけられています。

11　消費者委員会の HP でこれらの内容がすべて閲覧できます。

12　「建議」自体は法律用語として確立しておらず、その効力についてあいまいさが残ります。消費者委員会設置のための法案審議が行われた 2009 年 4 月 16 日の衆議院消費者問題特別委員会において当時の麻生内閣総理大臣が本問題について質問を受けた際に、「法律に基づいたものでありまして、これは大変重く受けとめて、総理としては真摯に対応してまいりたいと思います」と答弁しています。消費者委員会の考えを最大限尊重するということでしょう。

13　消費者基本法 9 条の規定に基づき、政府が消費者政策の計画的な推進を図るため、①長期的に講ずべき消費者政策の大綱、②消費者政策の計画的な推進を図るために必要な事項について定めた消費者政策の推進に関する基本的な計画です。

14　構成員は内閣総理大臣が会長を務め、全閣僚及び公正取引委員会委員長が委員となっています。閣議の後などに行われる会議です。

国民生活センターは、事業者に対する規制権限は有しませんが、PIO-NET 情報、相談処理で把握した情報などをもとに消費者への情報提供や各省庁などへの要望等を数多く行っています。消費者の生の声を消費者法の立法や政策の遂行に生かす機能を果たしています。また、全国の自治体が設置している消費生活センターの center of centers として消費者相談情報の提供や相談マニュアルの作成、自治体消費者行政職員や消費生活相談員（後述）の研修などを行っています。

国民生活センター紛争解決委員会は設立から総計 2,161 件の申請を受け、2017 年度〜 2022 年度の申請は 977 件で、手続が終了した事案（取下げおよび却下を除く）908 件のうち約 7 割の 637 件で和解が成立しています 16 17。

4.　自治体の消費者行政

(1)　自治体の役割

消費者基本法 4 条は、「地方公共団体は、第 2 条の消費者の権利の尊重及びその自立の支援その他の基本理念にのっとり、国の施策に準じて施策を講ずるとともに、当該地域の社会的、経済的状況に応じた消費者政策を推進する責務を有する」としています。

基本法が定める責務としては、「啓発活動及び教育の推進」(17 条)、「苦情処理及び紛争解決の促進」(19 条) があります。これらは支援行政の範囲に入るもので、基本法は自治体に規制行政の役割を求めてはいません。

都道府県・政令指定都市を中心として独自の消費生活条例 18 を持っている自治体がたくさんあります。条例とは地方公共団体が国の法律とは別に定める自主法です。地方公共団体は法律の範囲内で条例を制定することができます（日本国憲法 94 条）。いろいろな分野で数多くの条例がありますが、消費生活条例は全都道府県・政令指定都市で制定しており、市区町村でも制定している自治体があります。多くの条例で、消費者の権利を明示し、消費者の権利を守るための首長の権限等を定めています。自治体版の消費者基本法という位置づけと理解できます。事業者規制の条文を持つ条例もあり、たとえば、悪質な訪問販売業者などによる消費者被害が後を立たない中で、「不適正な取引行為」19 といった名称で禁止行為を定め、そうした行為が認められる場合には事情聴取や立入り調査を行い、勧告や公

表等ができるようになっています。これは規制行政に属する活動です。

　自治体独自の施策として、消費者の選択情報を適切に提供させるための表示制度があります。「商品やサービスを購入し利用するとき、商品の名称・品質・量目・取扱方法・取引条件などの情報が適切に表示されていてこそ、消費者は自ら目的に合った商品やサービスを正しく選択することができる」という考えのもと、東京都では、家庭用品品質表示法やJAS法等の法律に規制がなく、その一方で取り扱いや取引の際に注意が必要な商品やサービスについて、品質表示事項を定めています。2018年4月現在、東京都消費生活条例に基づき品質等の表示基準を定めた商品やサービスは、家庭用品関係9品目、食品関係4品目、サービス関係3品目、自動販売機関係4品目があります。その他にも、「品質等の保証表示」(71品目)・「単位価格等の表示」(68品目)、「適正包装の確保」について、守るべき基準を定めています。単位価格等の表示は「ユニット・プライス」と言われるもので、商品の販売価格のほかに一定単位当たり（100グラム、あるいは100ml等）の価格を表示することで、①値段の比較がしやすい、②過大・過剰包装の防止、③品質の見極めに役立つといったメリットがあります[20]。

　また、特定商取引法、景表法等は都道府県知事に事業者規制（業務停止命令など）の権限を委任しています。消費者により身近な行政組織としての自治体の消費者施策は消費者の遂行に重要な役割を果たしています[21]。

(2)　消費生活センター

　消費者安全法1条「目的」は、「消費者の消費生活における被害を防止し、その安全を確保するため」、「都道府県及び市町村による消費生活相談等の事務の実施及び消費生活センターの設置」を定めています。消費者基本法が述べる「啓発活動及び教育の推進」(17条)や「苦情処理及び紛争解決の促進」(19条)は自治体が設置している消費生活センター[22]の業務の中心です。都道府県・政令指定都市レベルでは全自治体に、市町村レベルでも数多くのセンターがあります。その数は2022年4月現在、856カ所あります[23]。また、センターがない自治体でも消費者相談窓口があります。

　啓発のための展示や消費者教育のための教材の貸し出し、地域への出前講座などを通じて消費者啓発活動を行ったり、国民生活センターと同様に消費者から直接相談を受け付け、苦情処理（情報提供やあっせんなどの紛争解決）を行っています。紛争解決が困難で重大な影響がある案件については「消費者被害救済委員会」といった名称の合議体が設けられ、調停など[24]を行っている自治体もあります。また、消費者が訴訟を起こす場合の訴訟資金の貸付を行う規定を設けた消費生活条例を持つ自治体もあります。

和歌山県消費生活センター啓発用リーフレット「気を付けて！こんなトラブル!!」

20　ただし、昭和50年代に40ほどの自治体で制度ができましたが、廃止が相次ぎ、現在20団体にまで減っています。消費者の関心が薄らいでいることが背景にあります。しかし、商品の量をひそかに減らして価格を保つことによる「隠れ値上」も行われている場合も多く、重要な制度です。国ごとに異なる表示方法を統一し、よりわかりやすい単価表示を目指す国際規格（ISO）の策定も進んでいます。

21　自治体による消費者施策も多岐にわたります。ここでは紙面の都合で全体を紹介できませんので、一例として、東京都消費生活条例の概要（東京くらしweb）を見てください。

22　名称は「消費者センター」、「生活創造センター」など自治体によって名称は異なります。

23　2015年7月1日からは110番や119番と同じく電話で桁の番号「188」（イヤヤ）をかけると近くの消費生活センターにつながる「消費者ホットライン」ができました。児童虐待等の通報、相談用の児童相談所共通ダイヤル「189」（イチハヤク）もあります。

24　あっせんは、当事者の自主性をもとに当事者の間に立って双方の主張を確認し、話し合いを取りもつことにより解決に導く調整方法です。調停は、委員会などが当事者の意見を聞き取った上で調停案を作成し、双方にその受諾を勧めることによって解決に導くものです。

14章 消費者運動と企業の責任

1. 消費者運動

(1) 消費者の組織化

あるお店で買った商品に不満があって苦情を言ったとします。話を聞いてくれて、対応してくれればよいですが、そうはいかないときもあります。あきらめてしまう人もいますが、何とかしたいと思ったらどうしますか？同様に不満を持っている人に一緒に苦情を言うことを呼び掛けて署名活動をしたり、抗議行動をとったら、お店側は驚くに違いません。モノを買わないことで抗議するボイコット[1]も可能です。しかし、同様に不満を持った消費者同士が連帯しなければ実現しません。労働問題は通常、工場や事務所など同じ職場で起きる問題であるために労働者が集結しやすいのに比べ、消費者問題の被害者は市場に点在しているために誰がどこにいて被害を受けているのかをお互いが確認することができません[2]。また、個別のお店の問題というだけでなく、公害のように国全体の問題として法律の不備を指摘したい場合もあります。そこで消費者団体が組織され、消費者の不満や被害の声を拾い上げ、それをもとに消費者運動を行ってきました。消費者一人ひとりの力は小さくても消費者が集結すればそれは大きい力となります。統一行動をとれば相手方への威圧になりますし、世論を喚起できます。こうした政治的効果だけではなく、経済的な威圧効果も生まれます。こうしてバーゲニングパワー[3]を得ることで、消費者団体が消費者の権利を勝ち取ってきました。

供給者である企業が組織としての強さを発揮して消費者を圧倒するようになってきている今日、消費者もまた自らを組織して企業に対する対抗力を身につけ、それによって自衛を図ることが重要です。消費者団体は、消費者の組織化によるその利益擁護、消費者の自衛を究極の目的とするといってよいでしょう。消費者運動の主体は消費者団体です。

(2) 消費者運動の類型

消費者運動はヨーロッパやアメリカ等の先進国で歴史的に展開され、多様な形態を有します。概ね、以下の3つに分類することができます。

① 消費者協同型（生協型）運動

1844年に英国のロッチデールで働く労働者は劣悪な労働条件や低賃金に苦しめられ、その生活は非常に厳しいものでした。そこで、28人の職人たちは自らの生活を守るために、貧しいながらも資金を出し合って生活必需品の共同購入を始めるための「ロッチデール公正先駆者組合」[4]を設立しました。そこで確認された、組合員の出資による運転資金の確保、購買額に応じた剰余金の配分、市価・現金主義等の運営原則は「ロッチデール原則」と呼ばれています。日本では戦後、物資の乏しい時期に労働組合

---

[1] 英語の boycott. 最近では反対の意味のバイコット（buycott）という造語もできています。消費者にとって良いものを積極的に購入することです。

[2] 最近は IT 技術が発達して SNS が当たりまえに利用されるようなり、そうしたことが可能にはなりましたが、連帯して行動することは容易ではありません。逆に消費者自身の行動力のなさが指摘されています。

[3] bargaining power. 交渉・折衝などにおける対抗力。交渉能力。

[4] Rochdale Society of Equitable Pioneers.

などを基盤に多くの生活協同組合（生協、コープ）が生まれ、昭和40年代、消費者運動の興隆の中、全国各地で新しい生協が発足しました。現在、生協の会員総数は約3,000万人であり、日本最大の消費者組織として、政策提言等を行っています。大学生協もこれらの1つです[5]。

② 情報提供型消費者運動

市場に出回る商品を消費者が賢く選択することができるように消費者に公正で科学的な情報を提供し、それによってより良い商品の生産を企業に促し、劣悪な商品が市場で淘汰されることを期待する運動です。この運動が発生し、展開するのは、市場に商品が大量に供給される一方で、消費者に十分な商品情報が提供されず、企業の市場支配力が強まったためであり、1920年代から大量生産・大量消費時代を最初に経験したアメリカで起こりました。当初は商品テストを自らの手で行い、商品の評価を消費者の視点で行う運動として始まりましたが、近年では、商品のみならず、金融、保険、医療等のサービス分野での情報提供も進んでいます。アメリカ消費者同盟の「Consumer Reports」、イギリス消費者協会の「Which?」等の雑誌がこの運動の象徴です。日本でも消費者情報誌が発刊されていましたが、ネット情報が主流となるなかで、ほとんどが廃刊されています[6]。

③ 告発型消費者運動

1960年代になってアメリカでは欠陥商品が市場に多く出回り、企業に対する消費者の信頼が揺らぎました。そうした中、弁護士ラルフ・ネーダーは欠陥自動車を告発した著書『どんなスピードでも車は危険』を公刊しました。これが告発型消費者運動の始まりとされています。欠陥商品や公害問題に対して企業活動を監視して、問題があれば当該企業を訴えるという企業との対決型の消費者運動であり、専門家を取り込んだ一大立法勢力ともなりました。日本では、「矢文」（公開質問状）等を通じて欠陥商品や企業の不正を暴いた日本消費者連盟がこの運動類型の主体と言えますが、最近は活動が目立たなくなっています。

⑶ 日本の消費者団体

消費者団体については「消費者の権利・利益の擁護・維持を目的又は活動内容に含み、消費者によって自主的に組織された団体又は消費者のための活動を恒常的に行っている民間団体（企業及び事業者団体は除く）」と定義されています（消費者庁）。

従来、日本の消費者運動は女性しかも専業主婦が中心となって活動してきました。しかし、女性の多くが結婚後も仕事を持ち続けている現状の中で、消費者団体の組織力が落ちているとの指摘があります。また、インターネットの発達で情報発信がしやすくなっている半面、会員が協働してプロジェクトを組んだり、抗議行動をすることが困難になってきています。最近では特定の目的のための消費者運動組織も登場してきています。

戦後から活動している全国的な消費者団体としては、日本消費者協会、日本消費者連盟、主婦連合会、全国地域婦人団体連絡協議会などをあげることができます。また、消費者団体の全国的な連絡組織である全国消費者団体連絡会があります。

さらに、日本には消費者問題・消費生活相談の専門家の資格として消費

5 職域による消費生活協同組合（生活協同組合）の一種で、学生や教職員を組合員としています。多くは全国大学生活協同組合連合会に加盟し、愛称として「ユニブコープ」（univ.co-op）が用いられています。

6 日本での消費者情報誌として「月刊消費者」（日本消費者協会）、「消費者情報」（関西消費者協会）、「たしかな目」（国民生活センター）、「月刊国民生活」（国民生活センター）などがありましたが、廃刊となりました。一部はネット版として継続しています。

生活専門相談員（国民生活センター認定）、消費生活アドバイザー（日本産業協会認定）、消費生活コンサルタント（日本消費者協会認定）の3つの資格があります。これら専門家が組織する消費者団体として、日本消費生活アドバイザー・コンサルタント・相談員協会（NACS）があります。なお、消費生活専門相談員あるいは消費生活アドバイザーの資格を取得すると消費生活相談員の資格（国家資格）を取ることができ、この資格者が消費生活センターで相談業務にあたっています。

また、弁護士やNACS（ナックス）会員などの専門家が中心となり組織

主婦連合会による消費者運動

された適格消費者団体も全国各地に登場してきています。

⑷　適格消費者団体・特定適格消費者団体

消費者団体は社会的に消費者の権利・利益確保に重要ということに加え、法律上の権利を与えられて一定の公的な役割を果たしはじめています。2007年6月施行の改正消費者契約法による消費者団体訴訟制度です。

第5章でも述べましたが、消費者団体訴訟制度とは、消費者全体の利益を擁護するため、一定の要件を満たす消費者団体を内閣総理大臣が「適格消費者団体」として認定して、その団体に消費者契約法、特定商取引法、景品表示法、食品表示法に定める事業者の不当な行為に対する差止請求権を認めるものです。さらに2017年10月には消費者裁判手続特例法が施行され、「特定適格消費者団体」の認定も開始され、この認定を受ければ、差止請求権に加え、消費者に代わって損害賠償請求訴訟[7]を起こせるようになりました。

どうしてこのような制度が必要なのでしょうか。今まで個々の消費者は、事後的に被害の救済はなされても、他の消費者は、同じ被害にあう可能性がありました。このような状況を打破するためには、事業者による不当な行為そのものを差止め、多数の消費者の被害の未然防止・拡大防止を図る必要が出てきました。そこで、消費者全体のために、適格消費者団体にその権利を与えようという制度です。さらに被害の救済も実際には容易でありません。とくに多数少額被害の場合は訴訟してまで救済を求める動機が個々の消費者には乏しく、結果として救済制度が機能しないこともあるため、差止請求権に加え、損害賠償請求権も特定適格消費者団体に認めることとなったのです[8]。

適格消費者団体は全国に23団体あり、差止請求訴訟は、87事業者に対して提起されています（2023年4月末現在）。また、そのうち、特定適格消費者団体は4団体（2023年4月末現在）あります[9]。

7　まず、1段階目の手続として特定適格消費者団体が事業者に対し、当該事業者が多くの消費者に共通して代金返還等の義務を負うことの確認を求める訴訟（共通義務確認訴訟）を提起します。そこで事業者の義務が認められた場合、2段階目の手続に進むこととなります。2段階目の手続では、簡易確定手続という簡易・迅速な手続によって、個々の消費者の請求が認められるかどうかが判断されます。

8　適格消費者団体からの申請に基づき、その活動実績や業務態勢を踏まえて、国が認定します。

9　消費者機構日本、消費者支援機構関西、埼玉消費者被害をなくす会、消費者支援ネット北海道の4団体。
2023年4月末時点で、損害賠償請求訴訟（第1段目の共通義務確認訴訟）は6事業者に提起されています。
実際に被害回復が実現した事例として、東京医科大学入試における不当な得点調整に関する損害賠償請求（消費者機構日本、提訴日2018年12月17日）があります。女性や浪人生等に対する不利益な選考が行われていたことを明らかにせず入学試験を実施したことが不法行為に当たるなどとして、不合格者への入学検定料等相当額の損害賠償を求めた事案です。入学検定料等の返還義務を認める旨の判決が確定した後、簡易確定手続において和解がなされ被害回復が実現しています。
順天堂大学医学部入試における不当な得点調整に関する損害賠償請求（消費者機構日本、提訴日2019年10月18日）も行われ、入学検定料等の返還義務を認める旨の判決が確定し、簡易確定手続がなされています。

2. 企業の責任を考える

⑴ 商品の本来的機能とは？

　消費者はなぜモノを購入するのでしょうか。あるいは何か買おうと思ってお店に行っても購入しないで帰ってくることもあります。なぜでしょうか。

　経済学に効用という概念があります。消費者がある財やサービスを消費することによって得ることができる満足・欲望充足の度合いのことを言います。消費者は当然、その効用を最大化しようとしますから、お店で提示されている金額でそのモノを購入することで得られる効用を評価して、買う、買わないを決めているのです。あまり品質が良くないとか、他の店でもっと安く売っているということになれば、購入しないでしょう。

　「good」の複数形である「goods」という英単語は「製品」を意味します。なぜでしょうか？「良い」という言葉とされる「good」のもともとの意味を語源まで遡ると「適切な、適合した」だそうです。これを複数形の名詞にして「所有物」という意味として使い始め、次第に「製品」という意味になっていったようです。なぜ、所有物が製品という意味になったかというと製品は所有するに適切なもの、適合したもの、つまり所有者にとって効用のあるものだからでしょう。最近、「bad」の複数形「bads」という単語が登場し、「廃棄物」、「不用品」と訳されていることからもうなずけます。ということは企業が生産する商品やサービスは消費者にとって「good」すなわち、良いもの、適したもの、効用のあるものでなければなりません。消費者にとって悪いもの、消費者に適さないもの、効用をもたらさないものは生産、販売してはならない、それが企業の消費者に対する責任の基本です。

　消費者基本法は、5条で、「事業者は、第2条の消費者の権利の尊重及びその自立の支援その他の基本理念にかんがみ、その供給する商品及び役務について、次に掲げる責務を有する」として、以下の5つをあげています。

① 消費者の安全及び消費者との取引における公正を確保すること。
② 消費者に対し必要な情報を明確かつ平易に提供すること。
③ 消費者との取引に際して、消費者の知識、経験及び財産の状況等に配慮すること。
④ 消費者との間に生じた苦情を適切かつ迅速に処理するために必要な体制の整備等に努め、当該苦情を適切に処理すること。
⑤ 国又は地方公共団体が実施する消費者政策に協力すること。

　消費者の権利についてはすでに学びました。「安全である権利」、「知らされる権利」、「選ぶ権利」、「意見を反映させる権利」の4つの権利が基本です。上記の①は「安全である権利」、②は「知らされる権利」を守る義務を示していると考えられます。③は特に近年になって主張されてきた考えです。第3章で述べたとおり、市民法の原則によれば、取引が当事者の自由意思に基づいて行われた場合、結果としてそれによって不利益を被ることがあるとしても、それは甘受しなければなりません。しかし、現代社会における労働契約や消費者契約において当事者たる企業と労働者あるいは消費者はもはや対等な関係にあるとは言えず、立場の互換性は失われて

います。そのような状況になった現代社会において、売買契約における「買主よ　注意せよ」の原則が「売主よ　注意せよ」の原則へ転換されてきていること[10]を③は明らかにしています。売り手が法人となり、巨大化し、技術革新により大量生産・大量消費が可能となった今日、売り手たる事業者と消費者との間の情報・知識の差が顕著になり、商品の品質・内容・取引条件について積極的な説明義務や開示義務を課すという考え方が法理として認められるようになってきました。さらに、金融商品の販売に際しては「適合性の原則」が重要です[11]。④は事業者自らの努力による紛争解決を、⑤は企業の消費者政策に対する努力義務を示したものです。

　また消費者基本法の5条2項は事業者の環境対応義務と自主規制分野での信頼確保の努力義務を示しています。

⑵　企業の消費者対応

　最近はフリーダイヤルを設けて、消費者からの相談や苦情を受け付ける企業が多くなりました。巨大企業になるとたくさんの部署があり、消費者はどこに電話してよいのかわかりません。また電話がたらい回しされることもよくあります。そこで、お客様相談室などの名称で顧客からの苦情の解決と必要な部署への情報伝達を行う組織が設けられるようになってきています。企業の消費者対応部門に働く人たちで組織する一般社団法人消費者関連専門家会議（ACAP）[12]がこの分野で活動しています。

　ここで消費者苦情対応の意味を考えてみましょう。苦情への対応はその申出者の不満を解消することを第一としていますが、その社会的な意味が強調されています。『グッドマンの法則』として知られている原則があります。米国TARP社のJohn Goodmanの調査理論で、商品に対する消費者の苦情についての調査を行ったところ、以下のような結果になったのです[13]。

グッドマンの法則
【第一法則】　「不満を持った顧客のうち、苦情を申し立て、その解決に満足した顧客の当該商品サービスの再購入決定率は、不満を持ちながら苦情を申し立てない顧客のそれに比べて高い」
【第二法則】　「苦情処理（対応）に不満を抱いた顧客の非好意的な口コミは、満足した顧客の好意的な口コミに比較して、二倍も強く影響を与える」
【第三法則】　「企業の行う消費者教育によって、その企業に対する消費者の信頼度が高まり好意的な口コミの波及効果が期待されるばかりか、商品購入意図が高まり、かつ市場拡大に貢献する」

　すなわち、消費者苦情の解決はその消費者の不満を除くというだけではなく、苦情の満足な解決によってその消費者を企業の支持者にすることができるということを意味します。また消費者苦情を重要な情報として捉え、商品やサービス改善に役立たせることも重要であることが理解できます。

⑶　コンプライアンス経営とCSR（企業の社会的責任）

　コンプライアンス経営の重要性が指摘されています。コンプライアンス（compliance）は一般に「法令遵守（じゅんしゅ）」と訳されていますが、法令を遵守した

企業経営は当たりまえのことなので、コンプライアンス経営という場合は守られるべき企業倫理や行動規範なども含んだルールを遵守した経営を指します。コンプライアンス経営についての関心が高まっている背景として、とりわけ消費者との取引における不祥事の続発から、消費者との信頼関係の構築が要請されるようになってきたことがあると言えます。

類似の概念として、CSR（Corporate Social Responsibility、企業の社会的責任）という言葉もあります。企業が利益を追求するだけでなく、企業の活動が社会へ与える影響に責任をもち、あらゆるステークホルダー[14]（消費者、従業員、株主、近隣住民、下請け業者等、および社会全体）からの要求に対して適切な意思決定をすることを指します。消費者市民という言葉については前述しましたが、企業市民（corporate citizen）として企業は社会全体への奉仕者になるべきという考え方です。

こうした活動はハードローに対してソフトローアプローチという分野のものです。ハードローとは法律に基づく規制のことで、最低限の遵守規定です。さらに企業は企業市民として広い範囲のルールやマナーを踏まえるべきことが指摘されています。ソフトローの中心は自主規制です。消費者基本法5条2項は、「事業者は、その供給する商品及び役務に関し環境の保全に配慮するとともに、当該商品及び役務について品質等を向上させ、その事業活動に関し自らが遵守すべき基準を作成すること等により消費者の信頼を確保するよう努めなければならない」としています。事業者団体[15]についても、同法6条が、「事業者団体は、事業者の自主的な取組を尊重しつつ、事業者と消費者との間に生じた苦情の処理の体制の整備、事業者自らがその事業活動に関し遵守すべき基準の作成の支援その他の消費者の信頼を確保するための自主的な活動に努めるものとする」と規定しています。

また、商品やサービスが国境を超えて提供されることが当たりまえの今日、国ごとの基準が異なるのでは不都合が生じてきます。しかしながら、各国の基準を国際的に統一するのは容易ではありません。そうしたなか、民間団体が基準を定め、自主規制の形で各企業がそれを採用し、宣言することが行われるようになってきました。その典型がISOです[16]。

電気分野を除く工業分野の国際的な標準である国際規格を策定するための民間の非政府組織で本部はスイスのジュネーブにあります。ねじ、写真フィルムの感度のように工業製品そのものの国際規格が中心でしたが、組織の管理の仕組みに対する以下の規格が登場しています。

● ISO9000 シリーズ[17]	品質マネジメントシステム関係の規格群。製品やサービスの品質保証を通じて顧客や市場のニーズに応えるための品質マネジメントシステム。
● ISO10002	組織が備えるべき苦情対応プロセスを定めた規格。苦情情報を蓄積、分析、フィードバックして、問題の是正を図ることに加え、計画（Plan）－実施（Do）－確認（Check）－見直し（Act）のいわゆるPDCAサイクルをまわすことで、商品・サービスおよび苦情対応プロセス自体の継続的な改善を行うことを目指す。
● ISO14000 シリーズ	環境マネジメントシステムに関する規格群。組織（企業、各種団体など）の活動・製品およびサービスによって生じる環境への影響を持続的に改善するためのシステムの規格。
● ISO26000	企業に限らず組織の「社会的責任」（Social Responsibility）に関する規格。人権、労働慣行、環境、公正な事業活動、消費者課題、コミュニティ参画と社会開発などが内容。

[14] stakeholders. 直訳すれば、杭の所有者。利害関係人のこと。語源的には権利を主張するために使われた杭、あるいは三脚椅子の脚を意味します。たとえば、顧客、従業員、株主からなる「三脚椅子」のバランスを取ることが経営者の仕事であるといった主張がなされてきました。

[15] 業界の利益団体としての側面がありますが、健全な事業活動を推進しているところもたくさんあります。

[16] ISOの利用が広がりを持っている今日、各国政府が定める法的基準をISOに合わせる動きも出てきています。日本でもJIS（日本産業規格）に取り入れられてきています。ISO（発音はアイエスオーあるいはイソ）は国際標準化機構（International Organization for Standardization）のことですが、同時に同機構が作成した国際基準そのものを一般にISOと呼びます。
なお、JISはJapanese Industrial Standardsの略ですが、その日本語名称は「日本工業規格」から「日本産業規格」と改められ、データ、サービス、経営管理等が追加されています。

[17] ISO14000も同様ですが、シリーズ（ないしはファミリー）とは、関連規格の総称です。ISO9000シリーズの中心はISO9001、ISO14000シリーズの中心はISO14001です。

1.　「賢い消費者」であるために

前章までに消費者法の概要を学んできました。案外消費者の権利を守る法律や制度が多くあると感じた人も多いでしょう。しかし、現代社会は自由という理念を基調としており、監視社会ではありません。自らの行動には自らが責任を持たなければ身を守れないこともたくさんあります。また、消費者を守る法律も知らなければ権利を行使できませんし、知っていても、そのために自らが行動しなければ権利の回復ができないこともあります。

たとえば、クーリング・オフ。訪問販売などの一定の要件の契約について書面の交付日から一定期間は消費者が無条件で解約できる制度です。消費者を悪質商法などから守るとても重要な制度です。しかし、もし、不用意なまま訪問販売で高い商品を買わされてしまった消費者がクーリング・オフのことを知らなかったらどうなりますか？　法律は武器のようなものです。それ自身が戦ってくれるのではなく、戦う者が使用する武器なのです。クーリング・オフは民事法規の1つです。つまり、それを使うのは行政ではなく、消費者本人です。したがって、そのことを知らなかったら消費者を守ってはくれないのです。また、その武器の存在は知っていても使い方を知らなかったらこれも役に立ちません。業者にクーリング・オフを申し出たところ、「この制度は悪質業者にだけ適用される。うちはまじめにやっている業者で、契約書もちゃんと交わしているからクーリング・オフはできない」、そう言われてクーリング・オフを諦める消費者もいます。その内容を理解していないために簡単に悪質業者にだまされてしまうのです[1]。すなわち、消費者が権利主体として自らを認識し、権利侵害があった場合はその回復に自らが行動することが求められます。

また、人気タレントを使って大々的に宣伝している商品が他の企業の商品よりかなり品質が劣っているのに、消費者がその広告に飛びつき、その商品がよく売れているとします[2]。商品の購入は経済的な投票のようであるとも言われます。選挙では政治家を選びますが、消費者がある企業の商品を購入するということは一票の信任票をその企業に投じたのと同じことです。とすれば、消費者がうわべだけの広告に影響されて品質の良くない商品がよく売れるとすれば、市場では劣悪な商品が出回ることになります。「賢い消費者」がより良い商品が出回る健全な市場を作り出すということです。また、消費が社会に与える影響を考えて行動することも求められています。

2.　消費者教育が目指すもの

消費者教育推進法[3]は、消費者基本法が、「消費者に対し必要な情報及

[1]　クーリング・オフは非常に強力な権利です。消費者の都合や心変わりでも利用可能です。個々の契約の違法性を要件とする代わりに、消費者被害が起こっている領域に限ることにより消費者に強力な権利を与えているのです。

[2]　needs（ニーズ）と wants（ウォンツ）という概念があります。欲しいもの（wants）が本当に必要なもの（needs）か考える必要を説くものです。

[3]　消費生活に関する教育や啓発活動を推進することを目的として2012年12月に施行された法律です。消費者教育を総合的かつ一体的に推進するため、理念、定義、国や地方および個人の責務などを定めています。

び教育の機会が提供されること」を消費者の権利の1つとしていることを踏まえ、消費者教育が以下の2点において重要であるとしています（同法1条「目的」の抜粋）。

> 消費者と事業者との間の情報の質及び量並びに交渉力の格差等に起因する消費者被害を防止する。

　消費者が事業者に比べ、劣位に置かれていることによって受ける被害を防止するために、情報の収集と分析能力を高め、問題が起きたときに交渉ができるだけの知恵と能力を身につけるための教育で、従来から指摘されてきました。事業者の違法行為は刑事罰や行政規制を通じて是正することが期待されていますが、経済的自由の保障を原則とする現代社会においてそれだけで問題を解決することはできません。まずは消費者自らが被害を未然に防ぐ能力を身につけることが重要です[4]。「**被害者にならないための教育**」と言えます。

> 消費者が自らの利益の擁護及び増進のため自主的かつ合理的に行動することができるようその自立を支援する。

　多くの消費者は限られた収入の中からやりくりして支出し、消費生活を営んでいますから、日々の商品やサービスの購買行動を適切に行える能力を身につけることが重要です。商品の価値、広告表示の内容を理解し、適切な行動をとることができる自立した消費者でなければなりません。そのための教育が重要です。「**自立して賢い消費生活を営むことができる消費者を育成する教育**」と言えます。

　さらに同法3条「基本理念」では以下のように消費者市民教育[5]の必要性が指摘されています（抜粋）。

> ・消費者教育は、消費者が消費者市民社会を構成する一員として主体的に消費者市民社会の形成に参画し、その発展に寄与することができるよう、その育成を積極的に支援することを旨として行われなければならない。（2項）
> ・消費者教育は、消費者の消費生活に関する行動が現在及び将来の世代にわたって内外の社会経済情勢及び地球環境に与える影響に関する情報その他の多角的な視点に立った情報を提供することを旨として行われなければならない。（5項）

　自らが賢く消費生活を営むというだけでなく、社会の構成員である市民として消費行動の結果生じる社会への影響を自覚し、責任ある行動をとれる消費者を育成する必要性が主張されはじめています。消費者市民社会とはこうした意味で使われています。消費者の権利だけでなく消費者の責任を果たすことができる教育が求められています。「**社会の構成員としての自覚を持ち、責任ある行動ができる消費者を育成する教育**」と言えます。最近、消費者市民教育としてとくに重要視されていますので、後述します。
　いろいろな考えがあり得ますが、この3つが消費者教育の大きな目的と言ってよいでしょう。

4　だます方が悪いのか、だまされる方が悪いのかといったことが話題になることがあります。だまされる人がいなければ、だまそうとする人がいなくなることは確かです。

5　消費者自らが、現在および将来の世代にわたって社会経済情勢や地球環境に影響を及ぼし得ることを自覚して消費行動をする社会を言います。そこでは、その消費者の行動により公正で持続可能な社会の形成が求められています。

3. 消費者教育の体系

　こうした目的を持った消費者教育ですが、どのような体系になっているのでしょうか。

　たとえば、消費者教育と言っても、契約などの法教育もあれば、商品の安全教育もあります。実はその体系化については難しい面があります。消費者問題は日々変化しているからです。また、人間の発達段階に応じた教育内容の検討も必要です。

　2010 年 1 月より消費者庁が「消費者教育ポータルサイト」[6]を本格稼働させました。そこでは「対象領域」と「ライフステージ」という言葉を使って「消費者教育の体系イメージマップ」を作成しています。「領域」とは消費者教育においての全体像・体系的関係が見通せるように定義された消費者教育における分野となり、「ライフステージ」とは年齢にともなって変化する生活段階のことを指します。

　「領域」は以下の 4 つです。

[6] 消費者教育ポータルサイトは、消費者教育に関する様々な情報を提供しています。内容は逐次更新されています。その時点で利用可能な消費者教育資料を検索できます。

対象領域

消費者市民社会の構築	● 自らの消費が環境、経済、社会および文化等の幅広い分野において、他者に影響を及ぼし得るものであることを理解し、適切な商品やサービスを選択できる力 ● 持続可能な社会の必要性に気づき、その実現に向けて多くの人々と協力して取り組むことができる力 ● 消費者が、個々の消費者の特性や消費生活の多様性を相互に尊重しつつ、主体的に社会参画することの重要性を理解し、他者と協働して消費生活に関連する諸課題の解決のために行動できる力
商品の安全	● 商品等に内在する危険を予見し、安全性に関する表示等を確認し、危険を回避できる力 ● 並びに商品等による事故・危害が生じた際に、事業者に対して補償や改善、再発防止を求めて適切な行動がとれる力
生活の管理と契約	● 適切な情報収集と選択による、将来を見通した意思決定に基づき、自らの生活の管理と健全な家計運営ができる力 ● 並びに契約締結による権利や義務を明確に理解でき、違法・不公正な取引や勧誘に気づき、トラブルの回避や補償、改善、再発防止を求めて適切な行動がとれる力
情報とメディア	● 高度情報化社会における情報や通信技術の重要性を理解し、情報の収集・発信により消費生活の向上に役立て得る力 ● 並びに情報、メディアを批判的に吟味して適切な行動をとるとともに個人情報管理や知的財産保護等、メディアリテラシーを身に付け、活用できる力

　「ライフステージ」は以下の 4 つです。

ライフステージ

| 幼児期 | ● 保護者のもとでの生活が中心となる就学前までの段階を指します。 |

| 児童期 | ● 身の回りの範囲にある物等を適切に扱うことができる能力の育成が望まれる就学から小学校卒業までの段階を指します。 |

| 少年期 | ● 保護者から自立意識も芽生えて、個人の主体的な判断のもとで消費生活を実践できる能力の育成が望まれる中学校入学から高等学校を卒業する程度までの段階を指します。 |

| 成人期 | ● 精神的にも経済的にも自立が図られ、職業人として、親として、また市民として様々な立場での責任がかかってくるようになる高等学校卒業以降の大学生・社会人等の段階を指します。さらに、特に若者、成人一般、特に高齢者に分類されています。 |

以上の 4 つの領域の教育内容を 4 つのライフステージのなかで、いつどのように行うかが模索されており、領域とライフステージのマトリックスでその内容を記載しています[7]。

7 コラム（82 ページ）参照。

4. 学校における消費者教育

皆さんのなかで高校までに消費者教育を受けた記憶のある人はどのくらいいるでしょうか。

学校における消費者教育は、社会科や家庭科等を中心に行われてきました。2006 年に改正された教育基本法においては、教育の目標として、自主及び自立の精神を養うとともに、職業及び生活との関連を重視することや、主体的に社会の形成に参画し、その発展に寄与する態度を養うことが規定されました。この教育基本法の規定を踏まえ、2008 年および 2009 年に改訂された小・中・高等学校の学習指導要領においては、社会科、公民科、家庭科、技術・家庭科などを中心に、消費者教育の内容が充実してきています。その後の 2017 年、2018 年の改訂でもより充実が図られました。

この学習指導要領に基づいた教科書は、高等学校家庭科を例にとると、食と環境、リユース、リサイクル、家計管理、消費者としての意思決定、消費者の権利と責任、契約、フェアトレードなど多くの事柄を網羅していますが、教科書に記述があるというだけでは消費者教育が充分なされているとは限りません。

しかし、問題は、教科書に書いてあっても、それを実際に学

悪質商法対策ゲーム（消費者教育支援センター作成）での学び

んでいるかどうかは別ということです。受験勉強中心の高校では家庭科が重要視されていないという現状もあるようですし、また座学中心の教育システムのなかで、知識が生きるための知恵になっているかは疑問です。消費者教育を実りあるものにするための教材開発や教える側の工夫が求められています[8]。

5. 生涯教育としての消費者教育

　これから社会に出ていく若者の学校における消費者教育活動とともに、社会人向けの教育も重要です。だれでも消費者ですし、人間は死ぬまで消費者です。消費者問題は時代とともに変化します。

　現在当たりまえに使っているスマートフォンは20年前にはありませんでした。国民生活センターの発表資料によれば[9]、全国の消費生活センター等に寄せられる相談の特徴をみると、インターネット通販によるものが非常に多く、商品・役務別の相談件数は、かつて多かったアダルト情報サイトの相談は減少し、商品一般[10]、健康商品、化粧品の相談が2019年度から2021年度では増加しています。70歳以上の相談が最も多く、20歳代、20歳未満の相談は一番少ない傾向にあります。若者は苦情を申し出ない傾向があるので、一概に判断はできませんが、IT関連では若者の方がトラブルにあったときにSNSなどで情報を得て、適切な対応ができていることもあるようです。また、スマートフォン世代の若者は学校でIT教育を受けていますが、高齢者はそうした機会がなかったことも影響しているのでしょう。

　高齢者ほど契約概念が希薄とも言われています。かつての日本は、「相互扶助」とか「信頼」が当然のように存在し、何かを依頼するときに契約書を交すなどと言うと、「信用できないのか」と言われるような社会でした。さらに老後に備えて蓄えがある高齢者も多く、悪徳商法の獲物になっています[11]。

　こうしたことから生涯教育としての消費者教育の充実も叫ばれていますが、学校に通っているわけではないので、職場、地域コミュニテイ、ネットなどを活用した消費者教育が必要です。

6. 消費者市民教育〜権利の自覚から責任の自覚へ

　現在、ゴミの選別収集や自宅や学校における省エネルギー対策が進んでいます。無駄な電気を使わない、車を使わず公共交通機関を使うなどの働きかけにより、二酸化炭素の発生を抑えようとしています。二酸化炭素の増大は地球の温暖化を招くからです。

　消費行動によって現代人は生きるために必要なものを手に入れています。しかし、必要のない消費、無駄な消費は限られた資源をより早く枯渇させ、環境への悪影響も甚大となります。そこで、「持続可能な発展」、「あるいは持続可能な消費」という言葉[12]が登場し、豊かな社会を次世代につなげていくための方策が検討されています。消費者には権利のみならず、責任もあるというわけです。

「消費者の責任」が主張されるのは、環境問題に対してだけではありません。自らの消費行動が企業や社会に影響を与えるという自覚を持つことの重要性が指摘されています。

国際消費者機構（CI）が8つの消費者の権利をうたっていることはすでに述べましたが、同時に以下の5つの消費者の責任もうたっています。

● 批判的意識を持つ責任	商品やサービスの用途、価格、質に対し、敏感で問題意識をもつ消費者になるという責任
● 主張し行動する責任	自己主張し、公正な取引を得られるように行動する責任
● 社会的弱者への配慮責任	自らの消費生活が他者に与える影響、とりわけ弱者に及ぼす影響を自覚する責任
● 環境への配慮責任	自らの消費行動が環境に及ぼす影響を理解する責任
● 連帯する責任	消費者の利益を擁護し促進するため、消費者として団結し連帯する責任

消費者自らが市民として経済秩序を定め、今後の経済社会を創っていくという自覚が必要なのです。消費者は、消費を個人の欲求を満たすものとのみ捉えず、社会、経済、環境などに消費が与える影響を考えて商品・サービスを選ぶなど、公正で「持続可能な発展」[13]に貢献するような消費行動をとることが求められています。「消費者市民社会」とは、このように消費者一人ひとりが、自分だけでなく周りの人々や次世代の人々、海外を含む社会経済情勢、地球環境にまで思いを馳せて自らの消費行動を考え、積極的に社会の改善に参加する社会を意味しています。

では具体的にはどのようなことが消費者には求められているのでしょうか。いくつかの活動目標を示します。

13 2015年9月の国連サミットで「持続可能な開発目標」（SDGs）が採択されました（コラム102ページ参照）。

フェアトレード (fair trade)	開発途上国で作られた原料や製品を適正な価格で購入することで、立場の弱い生産者や労働者の生活改善と自立を図る考えです。
グリーンコンシューマー (green consumer)	環境のことを優先に考え、商品やサービスを購入する消費者を指します。消費者が環境への負担を減らす取り組みをしている生産者やメーカー、販売企業を選択することが重要です。
食品ロスの軽減	日本でのまだ食べられるのに捨てられている食品の量は年間500万～800万トンと言われています。一方、世界で約9億人の人々が栄養不足状態にあるとされています。
地産地消	消費者の身近なところで生産されたものを選んで購入することです。輸入食品の安全性が問題になっている中で、食料自給率を高め、目に見える場所にいる生産者の商品を手にする安心感もあります。また、地域の文化の継承や経済の活性化などもメリットとして指摘されています。
動物への配慮	人間の消費生活は数多くの動物の犠牲のもとに成り立っています。食肉になる家畜、毛皮動物、医薬品や食品などの安全性を確保するための実験動物、商品化されたペットなどの現状を知り、できることから行動に移すことが求められています*。

＊人間は家畜を含めると膨大な数の動物を利用していますが、その尊厳に配慮した飼育などを目指す動物福祉（animal welfare）も大きな課題になっています。コラム（68ページ）参照。

近年、人や社会・環境に配慮した消費行動を促す「倫理的消費（エシカル消費）」という概念も普及してきました。豊かで便利な社会の裏で犠牲になっているものへの共感に基づいた配慮ある消費が私たちに求められています。

Column 持続可能な開発目標（SDGs）

2015年9月の国連サミットで「持続可能な開発目標」(Sustainable Developement Goals, SDGs) が採択されました。国連加盟193ヵ国（2015年当時。現在196ヵ国）が2016年〜2030年の15年間で達成するために掲げた目標です。17の目標が示されています。「持続可能な発展のための教育」(Education for Sustainable Developement, ESD) も重要視されています。

国連SDGsの「世界を変えるための17の目標」ロゴ。

「17の目標」

1. 貧困をなくそう
2. 飢餓をゼロに
3. すべての人に健康と福祉を
4. 質の高い教育をみんなに
5. ジェンダー平等を実現しよう
6. 安全な水とトイレを世界中に
7. エネルギーをみんなに そしてクリーンに
8. 働きがいも経済成長も
9. 産業と技術革新の基盤をつくろう
10. 人や国の不平等をなくそう
11. 住み続けられるまちづくりを
12. つくる責任 つかう責任
13. 気候変動に具体的な対策を
14. 海の豊かさを守ろう
15. 陸の豊かさも守ろう
16. 平和と公正をすべての人に
17. パートナーシップで目標を達成しよう

　豊かで便利な社会の裏側で犠牲になっているものに我々消費者は無関心すぎてはいないでしょうか。エシカル消費（倫理的消費）という概念も登場しています。
　地球環境にも、人権や動物の利用といった社会問題にも配慮した消費行動を促す意味で使われています。

索　引

細川 幸一（ほそかわ こういち）
日本女子大学家政学部教授。
早稲田大学大学院法学研究科修士課程経済法専攻、一橋大学大学院法学研究科博士課程民事法専攻修了。独立行政法人国民生活センター調査室長補佐、米国ワイオミング州立大学ロースクール客員研究員等を経て、現職。一橋大学法学博士。
消費者委員会委員、埼玉県消費生活審議会会長代行、東京都消費生活対策審議会委員等を歴任。2004年から日本女子大学で消費者関連科目を担当。立教大学法学部講師、お茶の水女子大学生活科学部講師を兼務。
専門：消費者政策・消費者法・消費者教育。
主な著書：
『新版 大学生が知っておきたい生活のなかの法律』（慶應義塾大学出版会・2022年）
『新しい消費者教育　これからの消費生活を考える』（共著・慶應義塾大学出版会・2016年）
『消費者六法』（編集委員・民事法研究会・毎年発行）
『18歳から考える消費者と法』（共著・法律文化社・2010年、第2版：2014年）
『消費者運動に科学を　高田ユリの足あと』（編集委員・ドメス出版・2009年）
法政大学現代法研究所叢書29『グローバル・コンパクトの新展開』（共著・法政大学出版局・2008年）
『消費者政策学』（成文堂・2007年）
『キーワード式消費者法事典』（共著・民事法研究会・2006年）
消費経済学体系3『消費者問題』（共著・慶應義塾大学出版会・2005年）
『消費者問題と消費者保護』（共著・成文堂・2004年）
『消費者問題と消費者政策』（共著・成文堂・2003年）
『消費者教育事典』（共著（加藤一郎・宇野政雄 監修）・有斐閣・1998年）ほか。

大学生が知っておきたい消費生活と法律［第2版］

2018年10月12日　初　版第1刷発行
2019年10月15日　初　版第2刷発行
2023年 8 月15日　第2版第1刷発行

著　者――――細川幸一
発行者――――大野友寛
発行所――――慶應義塾大学出版会株式会社
〒108-8346　東京都港区三田2-19-30
TEL〔編集部〕03-3451-0931
〔営業部〕03-3451-3584〈ご注文〉
〔　〃　〕03-3451-6926
FAX〔営業部〕03-3451-3122
振替 00190-8-155497
https://www.keio-up.co.jp/
装　丁――――土屋　光
印刷・製本――萩原印刷株式会社
カバー印刷――株式会社太平印刷社

Printed in Japan ISBN978-4-7664-2912-1

慶應義塾大学出版会

「大学生が知っておきたい 消費生活と法律」姉妹編！

新版
大学生が知っておきたい
生活のなかの法律

細川幸一 著

「18歳成人」に贈る最新版！　大学生のうちに身につけておきたい法律の知識を、学生生活、就職、結婚、老後といったライフステージに分けて解説する入門書！

B5判／並製 112頁
ISBN978-4-7664-2815-5
定価1,980円
（本体価格1,800円）
2022年3月刊行